JN066308

IBARAKI

47 都道府県ご当地文化百科

茨城県

丸善出版 編

丸善出版

刊行によせて

　「47都道府県百科」シリーズは、2009年から刊行が開始された小百科シリーズである。さまざまな事象、名産、物産、地理の観点から、47都道府県それぞれの地域性をあぶりだし、比較しながら解説することを趣旨とし、2024年現在、既に40冊近くを数える。

　本シリーズは主に中学・高校の学校図書館や、各自治体の公共図書館、大学図書館を中心に、郷土資料として愛蔵いただいているようである。本シリーズがそもそもそのように、各地域間を比較できるレファレンスとして計画された、という点からは望ましいと思われるが、長年にわたり、それぞれの都道府県ごとにまとめたものもあれば、自分の住んでいる都道府県について、自宅の本棚におきやすいのに、という要望が編集部に多く寄せられたそうである。

　そこで、シリーズ開始から15年を数える2024年、その要望に応え、これまでに刊行した書籍の中から30タイトルを選び、47都道府県ごとに再構成し、手に取りやすい体裁で上梓しよう、というのが本シリーズの趣旨だそうである。

　各都道府県ごとにまとめられた本シリーズの目次は、まずそれぞれの都道府県の概要（知っておきたい基礎知識）を解説したうえで、次のように構成される（カギカッコ内は元となった既刊のタイトル）。

　I　歴史の文化編
　　「遺跡」「国宝 / 重要文化財」「城郭」「戦国大名」「名門 / 名家」
　　「博物館」「名字」
　II　食の文化編
　　「米 / 雑穀」「こなもの」「くだもの」「魚食」「肉食」「地鶏」「汁

物」「伝統調味料」「発酵」「和菓子 / 郷土菓子」「乾物 / 干物」
Ⅲ　営みの文化編
　「伝統行事」「寺社信仰」「伝統工芸」「民話」「妖怪伝承」「高校
　野球」「やきもの」
Ⅳ　風景の文化編
　「地名由来」「商店街」「花風景」「公園 / 庭園」「温泉」

　土地の過去から始まって、その土地と人によって生み出される食
文化に進み、その食を生み出す人の営みに焦点を当て、さらに人の
営みの舞台となる風景へと向かっていく、という体系を目論んだ構
成になっているようである。
　この目次構成は、一つの都道府県の特色理解と、郷土への関心に
つながる展開になっていることがうかがえる。また、手に取りやす
くなった本書は、それぞれの都道府県に旅するにあたって、ガイド
ブックと共に手元にあって、気になった風景や寺社、歴史に食べ物
といったその背景を探るのにも役立つことだろう。
　　　　　　　　　＊　　　　　＊　　　　　＊
　さて、そもそも47都道府県、とは何なのだろうか。47都道府県
の地域性の比較を行うという本シリーズを再構成し、47都道府県
ごとに紹介する以上、この「刊行によせて」でそのことを少し触れ
ておく必要があるだろう。
　日本の古くからの地域区分といえば、「五畿七道と六十余州」と
呼ばれる、京都を中心に道沿いに区分された8つの地域と、66の「国」
ならびに2島に分かつ区分が長年にわたり用いられてきた。律令制
の時代に始まる地域区分は、平安時代の国司制度はもちろんのこと、
武家政権時代の国ごとの守護制度などにおいて（一部の広すぎる国、
例えば陸奥などの例外はあるとはいえ）長らく政治的な区分でも
あった。江戸時代以降、政治的区分としては「三百諸侯」とも称さ
れる大名家の領地区分が実効的なものとなるが、それでもなお、令
制国一国を領すると見なされた大名を「国持」と称するなど、この
区分は日本列島の人々の念頭に残り続けた。
　それが大きく変化するのは、明治維新からである。まず地方区分

は旧来のものにさらに「北海道」が加わり、平安時代以来の陸奥・出羽の広大な範囲が複数の「国」に分割される。政治上では、まずは京・大阪・東京の大都市である「府」、中央政府の管理下にある「県」、各大名家に統治権を返上させたものの当面存続する「藩」に分割された区分は、大名家所領を反映して飛び地が多く、中央集権のもとで中央政府の政策を地方に反映させることを目指した当時としては、極めて使いづらいものになっていた。そこで、まずはこれら藩が少し整理のうえ「県」に移行する。これがいわゆる「廃藩置県」である。これらの統合が順次進められ、時にあまりに統合しすぎて逆に非効率だと慌てつつ、1889年、ようやく1道3府43県という、現在の47の区分が確定。さらに第2次世界大戦中の1943年に東京府が「東京都」になり、これでようやく1都1道2府43県、すなわち「47都道府県」と言える状態になったのである。これが現在からおよそ80年前のことである。また、この間に地方もまとめ直され、京都を中心とみるのではなく複数のブロックで扱うことが多くなった。本シリーズで使っている区分で言えば、北海道・東北・関東・北陸・甲信・東海・近畿・中国・四国・九州及び沖縄の10地方区分だが、これは今も分け方が複数存在している。

　だいたいどのような地域区分にも言えることではあるのだが、地域区分は人が引いたものである以上、どこかで恣意的なものにはなる。一応1500年以上はある日本史において、この47都道府県という区分が定着したのはわずか80年前のことに過ぎない。かといって完全に人工的なものかと言われれば、現代の47都道府県の区分の多くが旧六十余州の境目とも微妙に合致して今も旧国名が使われることがあるという点でも、境目に自然地理的な山や川が良く用いられているという点でも、何より我々が出身地としてうっかり「○○県出身」と言ってしまう点を考えても（一部例外はあるともいうが）、それもまた否である。ひとたび生み出された地域区分は、使い続けていればそれなりの実態を持つようになるし、ましてや私たちの生活からそう簡単に逃れることはできないのである。

　　　　　＊　　　　　＊　　　　　＊
　各都道府県ごとにまとめ直す、ということは、本シリーズにおい

ては「あえて」という枕詞がつくだろう。47都道府県を横断的に見てきたこれまでの既刊シリーズをいったん分解し、各都道府県ごとにまとめることで、私たちが「郷土性」と認識しているものがどのようにして構築されたのか、どのように認識しているのかを、複数のジャンルを横断することで見えてくるものがきっとあるであろう。もちろん、47都道府県すべての巻を購入して、とある県のあるジャンルと、別の県のあるジャンルを比較し、その類似性や違いを考えていくことも悪くない。あるいは、各巻ごとに精読し、県の中での違いを考えてみることも考えられるだろう。

　ともかくも、地域性を考察するということは、地域を再発見することでもある。我々が普段当たり前だと思っている地域性や郷土というものからいったん身を引きはがし、一歩引いて観察し、また戻ってくることでもある。有名な小説風に言えば、「行きて帰りし」である。

　本シリーズがそのような地域性を再発見する旅の一助となることを願いたい。

2024年5月吉日

執筆者を代表して

森岡　浩

目　　次

Ⅳ　風景の文化編　153

【注】本書は既刊シリーズを再構成して都道府県ごとにまとめたものであるため、記述内容はそれぞれの巻が刊行された年時点での情報となります

茨 城 県

▌知っておきたい基礎知識▐

- 面積：6097km²
- 人口：282万人（2023年）
- 県庁所在地：水戸市
- 主要都市：つくば、土浦、日立、石岡、鹿嶋、古河（こが）、笠間
- 県の植物：バラ（花）、ウメ（木）
- 県の動物：ヒバリ（鳥）、ヒラメ（魚）
- 該当する旧制国：東海道常陸国（ひたちのくに）（主要部）・下総国（しもうさのくに）（古河周辺など）
- 該当する大名：水戸藩（水戸徳川氏）、土浦藩（堀田氏・土屋氏など）
- 農産品の名産：鶏卵、サツマイモ、メロン、ピーマン、れんこん、みずな
- 水産品の名産：ハマグリ、いかなご、シジミ
- 製造品出荷額：12兆5812億円（2020年現在）

●県　章

青色で描かれたバラのつぼみがモチーフ。茨城県の名は、『常陸国風土記』において黒坂命という人物が茨（うばら）で城を築き賊を退治した説話に由来し、その県名にちなみ、バラが県花などにも選ばれた。

●ランキング1位

・レンコン　南部の霞ヶ浦沿岸、土浦市などを中心に広く栽培されている。その栽培・食用は713年の詔により編纂された『常陸国風土記』にもすでに触れられている。霞ヶ浦は一時は汚染の著しい湖であったが、近年は下水などの整備も進んでかなり水質が改善している。

●地　勢

　北関東3県の一角である。霞ヶ浦の畔から利根川・鬼怒川にかけて広がる広大な沖積平野と、北部の八溝山地につらなる山岳地帯からなっており、県庁所在地水戸はその中間というよりはやや北より、那珂川の河口から少し遡った台地上にある。海岸沿いを北方面に向かえば福島県浜通りに向かう一方、東北方面への主要街道である奥州道中などからは外れた立地となっている。

　海岸線は鹿島灘に沿って砂浜海岸が単調に連なるが、戦後の工業開発で造成された掘り込み港の鹿島港が南側にある。また、特筆すべきは国内第2位の湖である霞ヶ浦であり、周辺の北浦・外浪逆浦などを一体として利根川に繋がる一大水系を構成している。水質汚染がひどい時期もあったが、現在は、かなり回復はしている。県内において古くは水戸に次ぐ都市とされてきた土浦はこの湖に沿って発達した町である。

　山岳地帯としては阿武隈高地に連なる八溝山地があり、この山中に有名な袋田の滝がある。また、同じくこの山地にある日立鉱山は日本有数の企業の一つである日立グループを育んだ揺籃の地でもある。また、標高こそやや低いものの、筑波山は古くから特徴的な二つの山頂を持つ姿が霊峰として知られ、現在も東京から比較的気軽に行ける観光地として人気を博している。

●主要都市

・水戸市　水戸徳川家の城下町として知られる都市は、現在でこそ常磐線に分断されているが、台地のうえに形成された城下と城であった。城下としての発展は江戸時代以降だが、城自体は鎌倉時代から存在している。梅で有名な偕楽園があるのはこの城の南側の低地、千波湖のほとりにあたる。ただ、水戸徳川家の支配地域がもともと茨城県内でも北部地域であったこ

ともあり、南部地域に対する中心性は薄めである。

・**つくば市**　つくば市の中心地とされる箇所が筑波山よりもかなり南の平地にあたることからも明白な通り、1970年の筑波学園都市建設法に基づく研究機関や大学の移転によって、計画的に整備がすすめられた都市である。長らく東京からの交通が不便であることが課題だったが、2005年のつくばエクスプレス開通により大幅に改善された。学術機関の多さから、国際会議の開催も多い。

・**ひたちなか市**　日立製作所の工場がある勝田と、江戸時代以来、水戸の外港として栄えた那珂湊の二つの都市の合併によってできた町。市内のひたちなか海浜公園が有名。

・**土浦市**　水戸に向かう街道沿い、江戸時代の幕府中枢である老中を拝命しうる譜代大名の土屋氏が配された城下町であり、霞ヶ浦の港町である。水戸街道には商家が残っていることでも知られ、また水路を生かしたレンコンの大産地の一角でもある。

・**石岡市**　古くは常陸の国府がおかれたことでも知られている町。

・**日立市**　北部沿岸地方の工業都市。狭い沿岸部の背後には銅山があり、この銅の精錬所、そしてそこに付属していた工場が、日本を代表する電機メーカーである日立製作所の由来である。シンボルは鉱山からでる煙を市内への鉱害を防ぐためにはるか上空に流していた「大煙突」。

・**鹿嶋市**　古くは鹿島神宮の鳥居前町として知られた小都市。主な移動手段が水運だったため、主要陸路から外れた明治時代には開発からとりのこされた。そのため、戦後に鹿島港の造成を中心とする臨海工業地域の造成が行われている。

●主要な国宝

・**直刀 黒漆平文大刀 拵**（くろうるしひょうもんたちこしらえ）　南部の鹿島神宮に、神宝として古くから所蔵されてきた剣。直刀とは現在私たちがイメージする反身で片刃の「かたな」ができるよりも前、主に奈良時代や平安時代に作成された刀身がまっすぐな刀である。この刀はその類例のうちでも特に長いことで知られている。なお、この名称はあくまで国宝としての指定名称であり、神宝としては「ふつのみたまのつるぎ」と呼ばれている。神話上では、鹿島神宮の神タケミカヅチが持っていた刀を、熊野との闘いに悩むヤマトの神武天皇に献上した後に、代わりに作った刀とされるものである。

・短刀 銘筑州住行弘　土浦市立博物館に所蔵されている、南北朝時代の短刀。この時代のものでも特に保存状態がよい。江戸時代中期の土浦城城主であり、四代の将軍に老中として仕えた土屋政直の元に集まってきた刀剣のコレクションの一部である。

●県の木秘話
・ウ メ　古くは中国から輸入されたバラ科の木。茨城県では特に偕楽園に数多く植えられているものが有名だろう。
・バ ラ　通常思い浮かべるのは多弁咲のものだが、茨城県の場合には、そもそも県名の由来となった「茨城郡」が、茨、つまりバラで作った守りの垣根に由来する、という点で関連が深い。ただしこのバラはどちらかといえばノイバラ、つまり白い花弁で主には一重の、日本に古くから自生していたものである。

●主な有名観光地
・偕楽園　幕末の水戸藩主である徳川斉昭の主導で造園された、広大な梅林でも知られる日本三名園の一角。中国古代の儒学者である孟子の「民と偕に楽しむ」という一説が名前の由来になっている。なお、同じく水戸市の名勝として知られる千波湖は、かつては偕楽園の直下まで広がっていた。
・鹿島神宮　東日本では最古級の神社であり、香取神宮（千葉県）などと並んで霞ヶ浦とその周辺（かつての流海）の畔の崇敬を集めていた神社。現在の社殿は江戸時代の再建である。また古くから、「地震を引き起こす大鯰を押さえつける杭」という伝承が残る要石がここにある。
・霞ヶ浦　鹿島台地の西側に広がる、日本第2位の広大な湖。古くは北浦や利根川を含めた水上交通の一大拠点であった。
・筑波山　二つの山頂をもつ山容が特徴的な名山。江戸からも遮るものがないためにまっすぐ見えることから名勝として知られ、また百人一首「筑波嶺の峰よりおつるみなのがわこいぞ積もりて淵となりぬる」の歌でも有名な歌枕である。山麓には小田や北条を含め、早くから開けた集落がつらなって、それらをつなぐサイクリングロードもある。
・袋田の滝　北部の山地に三段に分かれて激しく落ちる名瀑。冬の寒気が厳しい際には滝のすべてが凍結する奇勝を見せる。

●文　化

・**潮来のアヤメ**　利根川沿いの水郷地帯に広がる水路と花畑が織り成す景観。もともとは流通拠点だった潮来が江戸時代の中頃に衰退し始めたころに、船による遊覧が盛んになり始めた。特に戦後は1952年から初夏にあやめ祭りが開催されている。

・**水戸黄門と「漫遊記」**　水戸地方のシンボルともなっている「水戸黄門」は水戸藩初期の藩主である徳川光圀公を指す。「生類憐みの令」への反発や、『大日本史』編纂事業をはじめとした好学の傾向などが相まって、各地をお忍びで旅し悪人を成敗する物語が生まれたという。水戸駅前に銅像がある。なお、「黄門」とは、彼が持っていた武家官位である「権中納言」のうち、中納言の部分を中国風に言ったものである。

・**笠間焼**　常陸地方内陸部の小都市笠間で盛んに焼かれる焼き物。近隣には益子（栃木県）のように陶器の大産地がいくつかあるが、笠間のそれは工芸的な面を重視することで知られている。またこのあたりは石材の名産地としても有名である。

●食べ物

・**納　豆**　水戸の名物の一つ。もともと常陸地方では各家庭で生産されていたが、現在のようにブランド化したのは、幕末に江戸で納豆を食べることが定番であると知った水戸の人物笹沼清左衛門が商品化し、ちょうど1889年に水戸に到達した鉄道の駅で売り始めたことによるという。

・**あんこう鍋**　中部沿岸地方の大洗や、北部の平潟（北茨城市）などで冬に水揚げされるアンコウの鍋物。古くから常磐沖と呼ばれるこの一帯のものが上質として知られているが、味付けや調理法は、今も名物としての発展と合わせて各地で変動を続けている。大洗は夏の海水浴などでも有名な、水戸近郊の行楽地である。

●歴　史

●古　代

　東海道という地方区分においては最東端にあたる常陸国は、外海に繋がる広大な内海である「流海」（後の霞ヶ浦など）と鬼怒川の流れを有する、

水上交通の便が良い土地柄であった。関東地方でも特に由緒が古い神社である鹿島神宮は、対岸にある千葉県の香取神宮と共に、ヤマト政権の東国開発において重要な位置にあったのではと言われている。実際、鹿島神宮は周辺の鹿島郡を有し、また東北で平安時代の初期に発生したアテルイの乱にも関わりがあったようである。この鹿島神宮は、奈良時代初期に編纂された各国の風土記の中でわずかに残っているものの一つ『常陸国風土記』にも、その伝承と合わせて頻繁に登場する。国府の方は東北方面に抜ける街道沿い、石岡に置かれていた。

　この東北への前線基地という性格が、この地方において早くから武家の発達をもたらしている。すなわち、桓武天皇の血を引く桓武平氏の 平 国香 などの定着、そしてその親戚である 平 将門 が「新皇」を名乗ったことで知られる939年の「天慶の乱」である。この天慶の乱で彼が本拠を置いた石井は、利根川近くの平地に位置し、彼が開発に努めていた土地ともいわれる。このような私営田、つまり開発地はこの時代以降も関東の各所に拡大していく。そのうちの一つが、当時は東に流れていた鬼怒川、南に流れていた利根川などの諸河川の沖積地にある下河辺荘で、この領域内に後に重要になる古河がある。

● 中　世

　桓武平氏の一族は常陸各地に定着し、嫡流はあまり力を持たないながらもそのまま鎌倉時代を迎える。この鎌倉時代以降に常陸で名族として知られるようになるのが、「13人の合議制」こと鎌倉幕府初期の宿老の一人である八田知家を祖とする小田氏、頼朝に常陸大掾（掾は本来国府の第三位の官職だが、天皇家の親王が国司に任命されているため国司の実権がない常陸国では事実上のナンバー2）に任命された桓武平氏の者に始まる大掾氏である。この大掾氏の祖が本拠を構えたのが馬場城であり、この城が後に水戸城と呼ばれるようになる。一方の八田氏は常陸守護職に就き、筑波山の麓の小田に館を構えたことから小田氏と後に呼ばれるようになった。これに加えて、水の便に恵まれた豊かな土地が多く、東北方面への回廊の一角を占める常陸には、執権北条氏も徐々に領地を確保していく。

　室町時代初期の南北朝の内戦の中、北部の常陸太田周辺を拠点とする佐竹氏も主要勢力に浮上する。常陸南部地方を中心に10年にわたって続いた戦いでは、小田氏などが南朝、佐竹氏などが北朝・幕府側に主についた。

この戦い中に、南朝の重要人物だった北畠親房（きたばたけちかふさ）が小田城などで記述したとされるのが、有名な『神皇正統記』である。この戦いは結局南朝方の敗北で終わる。

　しかし、15世紀初頭から関東地方は、関東地方での幕府出先機関「鎌倉府」と京都の幕府の対立に端を発する混乱状態に突入する。その一連の戦いの中で、鎌倉から移転した鎌倉公方（かまくらくぼう）（鎌倉府の長官）が1455年以降に座所としたのが、先述の古河であった。つまり、鎌倉公方に近い武将の勢力圏に近かったことに加えて、先ほど述べた河川による水上交通の利や、周辺地域が当時鎌倉公方の御料所になっていた下河辺荘であったなどの利点があったのである。以降、実質的には公方家が台頭する後北条氏の傀儡（かいらい）となり、また古河城が座所ではなくなる1550年代前半まで、名目上は最後の公方がなくなる1583年まで、古河は鎌倉公方の拠点として知られることになる。

　とは言っても、関東管領家（かんとうかんれい）と公方家、或いは関東管領家どうしでの争いが続く関東地方東部においても、戦国大名は各地に発達していった。茨城においては、勢力を拡大する佐竹氏を筆頭に、比較的弱小ながらも小田氏、また結城氏（ゆうきうじ）などがあげられる。古河を中心とした下総一帯（しもうさ）までは、西から拡大していく北条家の勢力下にはいるものの、佐竹氏などは1589年に後北条氏が豊臣秀吉へと降伏するまで独立勢力として存在し続け、また佐竹氏は豊臣秀吉によって常陸一国を支配する大名として認められた。これによって佐竹氏は小領主が多かった常陸南部地方にも勢力を拡大させ、その過程で水戸城に本城を移している。

　盤石（ばんじゃく）かと思われた佐竹氏の常陸支配は、1600年の関ヶ原の戦いにおいて時の当主が東西両軍のどちらに着くかを決めきれず、中立状態のまま参戦しなかったことによって急転する。この結果、佐竹氏の領国は徳川氏の本拠地である江戸近くで、しかも無傷の軍が残っている大国、というどう考えても徳川氏が警戒しない方がおかしいという状態になってしまったのである。かくして1602年、佐竹氏は出羽国秋田地方（でわのくに）、後の秋田県に転封となった。

●近　世

　旧佐竹氏領国のうち、水戸を中心とした北部地方には徳川家康の息子たちが配され、1609年以降は徳川頼房（とくがわよりふさ）を始祖とする水戸徳川家が藩主家とし

て定着する。一方、南部地方には下館、土浦、古河などの要地に主には徳川家譜代に相当する領主が配され、これに加えて大小の旗本領が存在した。関東平野に散在する城下町は河川交易や養蚕（特に結城が織物技術と共に有名）で栄え、また水戸藩領も那珂湊が東回り航路の港町として栄えた。この河川交易に大きく影響したのが、江戸時代初期の利根川付け替えである。これによってかつて鬼怒川の下流部だった部分は利根川の本流になり、さらに波が荒い外洋を避けて霞ヶ浦・利根川・隅田川（旧利根川本流）を経由し江戸へと向かう「内川廻し」という物流ルートが成立。このルート沿いの町々は大いににぎわった。

　一方、水戸藩領では水戸黄門こと徳川光圀公が有名だが、全体としては財政難にあえいでいた。最大の原因としては、徳川御三家の一角として石高以上の格式を義務付けられたことと、江戸定府（基本的に江戸にいることが藩主の慣例だった）の結果として水戸と江戸の双方で経費が掛かったこと、そもそも領国の常陸北部地方は中山間地域が多く収入が少ないという点であった（那珂川沿いの開発はされている）。水戸藩は『大日本史』などの修史事業でも知られている。

● 近　代

　近代の幕開けにおいて茨城県を襲ったのは、天狗党の乱と呼ばれる不毛な内乱であった。先述の通り水戸藩は修史事業が盛んで、そのため江戸時代後期以降は多数の思想家を輩出したのだが、一方で藩内の議論がまとまらず、特に強烈な求心力を持っていた「烈公」こと藩主徳川斉昭の死去後はそれがはなはだしいものとなっていた。この結果、1864年に過激な攘夷派「天狗党」が蜂起して、御用金の名目で足利、栃木、真鍋など北関東各地の町々を略奪、放火をしたのである。ここに至って幕府や周辺諸藩、さらには略奪を受けた諸地域は協力して反攻し何とか追い出すものの、その過程で、水戸藩領で最も栄えているともいわれる都市である那珂湊は炎上、さらには戊辰戦争の最中にさえその遺恨で鎮圧側と旧天狗党との間で粛清が行われるなどの状態となった。この結果、水戸藩の人材はほぼ払底。思想的には重要な人物がいるにもかかわらず、明治新政府において要職についた者はあまりおらず、勢力をもつことはできなかった。

　茨城県の設置は廃藩置県により主に常陸の旧藩が統合された1871年のことである。さらに1876年、南隣の新治県のうち利根川の北側が茨城県に

合併され、これによって現在の県域がほぼ成立した。これ以降の茨城県は、主には東京近郊の農業県としての色彩が大きくなり、加えて東京都市圏の拡大に伴って、取手など南部地域のベッドタウン化が進む。また、東京から一定の距離があって、かつ広い土地も確保できることから、東京の都市機能を分担させる候補地とされた。その一つが、戦後に行われる筑波研究学園都市の造成である。これによって誕生したつくば市は学術・研究機能においては国内有数の集積を誇るようになる一方で、東京からの交通の不便さにも悩んでいたが、2005年につくばエクスプレスが開通したことで大幅に改善され、筑波山周辺の観光地としての再注目や、沿線地域の人口増加ももたらしている。他方、茨城県全体で見ると東京から距離があるということで、現在、県域全体としては過疎化も招きつつある。

【参考文献】
・今井雅晴ほか『茨城県の歴史』山川出版社、2011
・植田真平『鎌倉公方と関東管領』吉川弘文館、2022

I

歴史の文化編

遺　跡

虎塚古墳（両袖型玄門付横穴式石室）

地域の特色　茨城県は、関東地方の東北部に位置する県。県北部は阿武隈・八溝山地などの高地が占め、福島県と接する。北西は栃木県と接し、南西は利根川を挟んで埼玉県、千葉県と接している。東側は太平洋に面し、北側は海崖が多く、海岸との間は南北に狭い平地が続く。中部以南は関東平野の一部をなしており、広大な平地である。また、八溝山地最南端に位置するのが筑波山であり、古来より歌枕の地としても著名である。他方、利根川下流域には、わが国第2の大湖である霞ヶ浦、北浦をはじめ湖沼が多く点在する。

こうした県南側を中心として、縄文時代以降の貝塚が発達しており、日本人の手によって初めて発掘された陸平貝塚をはじめとして、著名な遺跡も数多い。貝塚数としては全国で2番目に多い。総じて縄文時代は中期・後期の遺跡が圧倒的に多く、県南部や県南西部に遺跡分布が密である。遺跡の規模も県北と県南・県南西とでは相違がある。例えば貝塚の場合、県北の久慈川・那珂川流域では貝類は汽水性のヤマトシジミを主として貝層も薄いが、県南・県南西では鹹水性貝類を主として貝層も厚い。他方、県北部の那珂川流域にも貝塚が認められ、古墳時代以降には、多数の古墳が構築される拠点の1つとなっている。古墳分布が県南部と県南西部に多く、政治的・経済的要因が背景にあると考えられている一方、横穴墓は県北部が多く、これは地形的な条件に制約されているといえる。

古代においては、旧常陸国全域と旧下総国の北西部を含んでいる。近年、国分寺以前の創建と考えられる茨城廃寺跡（石岡市）から「茨木寺」と墨書のある土器が発見されている。中世には馬場氏、北条氏が支配し、室町時代には佐竹氏が常陸の守護となる。また結城氏、小山氏などが覇を争ったほか、1455（享徳4）年以降は鎌倉公方足利成氏が鎌倉から古河城を根拠地に移したが、次第に後北条氏による関東支配が確立し、勢力は衰退した。後北条氏の討伐後は、徳川氏の支配となり、幕府開幕後は水戸、宍戸、

　凡例　史：国特別史跡・国史跡に指定されている遺跡

土浦、笠間、松岡、矢田部、牛久など16藩の諸藩の領地や天領があった。

1871年16藩は県となったが、同年11月南部を新治県、西部を印旛県、北部を茨城県に統合。1875年5月さらにこれを統一して茨城県となった。

主な遺跡

後野遺跡 (うしろの)

＊ひたちなか市：那珂川の支流が解析した丘陵上、標高約30mに位置　時代 旧石器時代終末期〜縄文時代草創期

1975年、中学生が石器を採取したことが発端となり、勝田市教育委員会により発掘調査が実施された。A・B地区からなり、A地区では、彫器、掻器、削器、尖頭器、石斧などが検出され、彫器-掻器といった多目的な機能をもつ石器に特色をもつ。剥片石器の石材は、東北地方産の硬質頁岩と推定され、黒耀石については、蛍光X線分析により青森県深浦産と判別されている。加えてA地区では、37点の無文土器片が検出された。長者久保遺跡（青森県）や神子柴遺跡（長野県）から出土した石器群と本遺跡の石器群との共通性が指定されていることから、こうした石器群と土器が伴う事例として大きな注目を集めた。

B地区は、細石刃と細石刃石核、彫器、削器、礫器などが検出された。後期旧石器時代の最終末期の所産と評価されており、細石刃石核や荒屋型彫器など、北方系の特徴が認められ、その南限資料として注目される。こうした2つの異なる石器文化層の先後関係が発掘調査によって実証されたほか、無文土器と石器群との関係が認められるなど、茨城県における旧石器時代から縄文時代への移行期を検討するうえで重要な遺跡といえる。

陸平貝塚 (おかだいら)

＊稲敷郡美浦村：霞ヶ浦沿岸、馬掛台地先端部、標高20〜25mに位置　時代 縄文時代早期〜後期　史

1879年、飯島魁、佐々木忠次郎らによって行われた発掘は、大森貝塚（東京都品川区・大田区）に次ぐものであり、日本考古学史上、きわめて著名な遺跡である。台地斜面に8地点の貝塚が確認され、ハマグリ、サルボウなどを主体とする純鹹貝塚（海産貝類主体）である。最長130m、厚さ3mを超える貝層が残存し、台地平坦部の貝塚の内側に縄文時代の集落跡があるものと推定されている。大森貝塚出土土器を「大森（薄手）式」、本遺跡出土土器を「陸平（厚手）式」と称し、縄文土器編年研究の端緒となった遺跡でもある。佐々木らの発掘した地点は、A貝塚と呼ばれる。その報告書（佐々木忠二郎・飯島魁、1880）とともに、日本人のみによる初めての本格的発掘調査としても名高い。1948年の酒詰仲男らによる再調

査（B貝塚）では、貝層下部に縄文時代中期の阿玉台式、上部では加曾利E式、また一部には縄文時代後期の堀之内式を含む貝層が載る。加えて、貝層下土層に縄文時代早期の茅山式、表面で加曾利B式も採集された。貝層の保存状態が良好な貝塚であり、史跡整備が行われている。

上高津貝塚　＊土浦市：桜川右岸、支谷に浸食された台地上、標高22m前後に位置　**時代** 縄文時代中期～後期　**史**

　1969年に江見水蔭が『探険実記 地中の秘密』（博文館）でこの貝塚について紹介し、1930年には、大山柏ら大山史前学研究所によってB地点の発掘調査が行われた。1953年には、清水潤三ら慶應義塾高校考古会がA地点を、1968～69年には、慶應義塾大学、東京大学がA・B地点の調査を実施した。A～Eの5つの地点貝塚が、台地の縁辺部に環状に分布している。集落はその中央部に営まれたと推測される。貝層の主体はヤマトシジミであり、ほかにシカ、イノシシ、魚骨類などが多数出土している。特に貝層の調査では、サンプル採集による水洗選別法が取り入れられ、微細な魚骨、貝類などの分析から、資源利用や環境変化の具体的な姿を明らかにするなど、大きな成果を得た。1977年に国史跡の指定を受け、1990～91年にも、土浦市教育委員会によってA・C地点貝塚が調査されており、これらの成果も踏まえて、上高津貝塚ふるさと歴史の広場として公園整備がなされ、資料館も開館した。

　霞ヶ浦・北浦沿岸には、多数の縄文時代の遺跡が残り、その多くは貝塚である。学史上で名高い遺跡も多く、坪井正五郎が発見、紹介した椎塚貝塚（稲敷市）や佐藤伝蔵、若林勝邦らによって発見され、山内清男も調査した浮島貝塚（稲敷市）、近藤義郎によって縄文時代の製塩土器が確認された広畑貝塚（稲敷市）など、枚挙にいとまがない。この地域は東京からも近く、良好に残る貝層の存在などから、多くの考古学徒たちの関心を引き付けたといえよう。

女方遺跡　＊筑西市：鬼怒川左岸の低台地、平坦部標高約39mに位置　**時代** 弥生時代前期

　1939～42年にかけて、宇都宮病院に勤務していた医師、田中國男によって発掘調査が行われ、41基ものピット群や竪穴住居跡が発見された。ピット群は直径80cm、深さは10～20cm程度掘り込まれており、ピット内からは弥生土器が検出されることから「再葬墓」ではないかと考えられている。東日本で初めて発見された再葬墓として関心を集めた。特に出土した土器のなかでも口縁部、頸部に人面を配した、人面付き長胴壺形土

器は著名である。現在は宅地開発によって消滅した。

　なお茨城県内の弥生土器の標識遺跡として著名な十王台遺跡（多賀郡十王町）は1935年前後に発見されたもので、山内清男がより地域的個性の強い要素をとらえ、弥生時代後期のものと評価したが、本格的な発掘調査がなく、依然として検討が必要な点も多い。

舟塚山古墳（ふなつかやま）

＊石岡市：恋瀬川河口、東岸台地の西端、標高約20mに位置
時代 古墳時代中期　　　　　　　　　　　　　　　**史**

　関東地方で第2位の規模をもつ茨城県内最大の前方後円墳。全長186m、前方部幅100m、高さ10m、後円部径90m、高さ11mを測る。3段築成の前方後円墳で、幅40m前後の盾形の周濠をもつ。1963年に明治大学によって測量調査が行われたが、主体部についての本格的な発掘調査は行われていない。墳丘に円筒埴輪片が散見され、後円部東裾には鹿島神社が鎮座する。近接して陪塚があり、前方部に近い1基から盾、短甲が検出され、後円部側の1基からは箱式石棺と滑石製模造品、刀子などが発見されたとされる。5世紀後半の築造と考えられ、茨城国造初祖筑紫刀禰の墳墓に比定されている。

　舟塚山古墳の東方300mには府中愛宕山古墳（ふちゅうあたごやま）（石岡市：県指定史跡）がある。古来この2つの古墳は「入舟（舟塚山）」「出舟（府中愛宕山）」と呼ばれたという。1979年に測量調査が行われ、全長約96.5m、前方部幅57m、高さ7.5m、後円部径57m、高さ8.5mの前方後円墳で、かつて坪井正五郎らによって発掘が行われ壺形土器などが発見されたという。舟塚山古墳より築造時期が下り、5世紀末～6世紀初めと考えられている。

虎塚古墳（とらづか）

＊ひたちなか市：那珂川左岸、沖積地を望む台地南縁上、標高20mに位置　**時代** 古墳時代後期　　　　　　　　　　　**史**

　1973～77年にかけて、勝田市史編さん事業の一環として、大塚初重（おおつかはつしげ）ら明治大学の発掘調査が行われた。全長56.5m、前方部幅38.5m、高さ5m、後円部径32.5m、高さ5.5mを測る前方後円墳である。前方部を北西に向けて築造され、周溝を有するとともに、墳丘西北隅には土橋状の遺構をもつ。墳丘上には葺石（ふきいし）および埴輪（はにわ）は認められていない。

　主体部は後円部中央からやや南に奥壁をもち、南に開口する。両袖型玄門付横穴式石室で、玄室の全長は2.8m、奥壁の幅1.8m、玄門部幅1.3mで、高さは中央部で1.4m。長さ1.3m、幅1.2mの羨道（せんどう）があり、その前面に長さ1mの墓道が付設されている。玄室は凝灰岩切石が用いられ、奥壁1枚、東側壁1枚、西側壁1枚、天井石は3枚、床石は7枚で構築される。

石室内には、彩色壁画が認められ、奥壁と左右の側壁には下塗りとして白色粘土が施され、その上に幾何学文や具象的な文様が赤色顔料によって描かれている。また天井や床、梁石、柱石は赤色顔料が塗布される。玄門部扉石の柄に連続三角文、玄室奥壁の壁画は中段中央に、径35cmほどの環状文が2つ配され、上方に2段の平行線と連続三角文、環状文上段には上下連続三角文、環状文下段には、東から鞆(とも)・靫(ゆき)・大刀(たち)・槍(やり)・矛(ほこ)と思われるかたちを描く。東壁は上端に連続三角文、奥壁寄り上部に連続三角文から吊り下げたかたちの小円文、その横に双頭渦文・靫・楯形文・円文、玄門近くには井桁文(いげたもん)・有棘棒(ゆうしごぼう)・頸玉(けいぎょく)・さしば・鐙(くはみ)・凹字各形文を描く。西壁は上端に連続三角文、その下方に9個の円文が1列に並び、円文の直下には舟状の弧線形文(こせんけいもん)が1つ、玄門寄りには東壁同様の鐙状文(あぶみじょうもん)と意味の判然としない図文が2つ発見された。

　遺物は石室内に成人男子の遺骨のほか、鉄刀、刀子、毛抜形鉄製品、鉄鏃(てつぞく)、透かしをもつ鉄板などがあり、石室前庭部には鉄釧(てつくしろ)、鉄製環、鉄釘、笠鋲状鉄器(てつほこ)、鉄矛、鉄鏃、土師器(はじき)などが検出されており、追葬の可能性も指摘されている。7世紀初頭の築造と考えられ、東国において装飾壁画をもつ横穴式石室の事例として貴重である。世界でも初めて未開口時に保存科学の技術を導入して調査が実施されたことでも知られる。国指定史跡として整備され、現在は年2回一般公開がなされている。

　なお、周辺には同時期に築造された2個の陪塚と考えられる円墳があり、また丘陵南斜面側には十五郎横穴群(じゅうごろうよこあなぐん)(ひたちなか市)がある。古墳時代後期〜平安時代前期の横穴群で、総数300基ともいわれ、勾玉(まがだま)、切子玉(きりこだま)などの副葬品を伴う改葬墓が検出されている。

船玉古墳(ふなだまこふん)

＊筑西市：鬼怒川東岸の台地上、標高35m付近に位置
時代 古墳時代後期

　江戸時代より存在が知られ、10基の円墳を有する古墳群の主墳。1927年には鳥居龍蔵(とりいりゅうぞう)らが調査を行い、石室内の彩色壁画(奥壁・東側壁に円文、舟、家など)が確認された。1971年には明治大学による調査が行われ、従来想定されていた円墳ではなく、一辺35mの方墳であることが判明した。1984〜85年には茨城大学による調査も行われている。

　内部構造は横穴式石室で、羨道・前室・玄室の現存全長は11.5m。雲母片岩の大型板石を用いた古墳の壁面には壁画が存在しており、壁画は主に後室の奥壁と西側壁とに見られ、前室の東側壁にもわずかながら確認される。壁画はいずれも赤色顔料で描かれているが、開口時期が古いため、退

色が著しく、鳥居の調査に認められた壁画は判然としない。1971年の調査の時に、奥壁中央下部に靱と思われる壁画が発見され、数本の矢が認められた。なお、墳丘上に船玉神社の社殿があり、建立に際して、南側に参道と石段を付設したため墳丘の一部が削平されている。

鹿の子遺跡　*石岡市：山王川沿岸の台地上、標高約20〜25mに位置　**時代** 奈良時代後半〜平安時代前半

　常磐自動車道の工事に際して、1979年より発掘調査が行われ、現在まで断続的に調査が行われている。一辺245m四方の溝に区画された官衙と想定される地区をはじめ、溝外にも集落跡が点在しており、10万m²を超える県下最大級の遺跡である。これまでに竪穴住居跡、工房跡、掘立柱建物跡、溝、土坑、連房式竪穴跡など、多数の遺構が検出されており、その分布形態から、規格性をもって計画的に構築されていた可能性をうかがわせる。遺物では、土師器、須恵器、瓦のほか、鉱滓や砥石など工房的な要素をうかがわせる遺物も認められる。墨書土器にも、太刀、矢作、小札など武器に関わる内容もあり、実際に鉄製品として小札、鏃などが検出されている。そして特筆されるのが、漆紙文書の存在である。戸籍、計帳、田籍に関わる内容や具注暦などが記されたものが認められ、地名や人名、「延暦」の年号も検出されており、当該地域に関わる新たな文字資料であるとともに、土器編年研究にも有益な資料になるものと期待されている。なお常陸国分尼寺跡（石岡市）は南西300mほどの場所に位置する。

村松白根遺跡　*那珂郡東海村：久慈川左岸の海岸砂丘上、標高約10mに位置　**時代** 室町時代〜江戸時代初頭

　大強度陽子加速器施設の建設に伴い、発掘調査が行われた。室町時代後半から江戸時代初頭にかけてと推定される大規模な製塩遺構や工房跡が検出された。塩分濃度を高める役割があったと推定される鹹水槽と思われる遺構や釜屋跡、内部に炉をもつ掘立柱建物跡などが検出された。また墓坑や貝類の集積層も認められている。遺物では輸入陶磁器、土師器などが出土したほか、興味深いものとして、中世に流通した中国明代の銭貨である永楽通寳の枝銭が発見された。日本国内において、中国銭の私的な鋳造が行われていた可能性を示すものとして注目される。ほかにも砥石や鉄製の鶴嘴なども出土し、また笄、賽子などの骨角製品も認められるなど、多様な工房的役割を担っていたことをうかがわせる。遺跡近くには、中世当時の港であった真崎浦が位置しており、生産と流通の拠点であった可能性が想定される。17世紀初頭には廃絶したものと考えられている。

国宝 / 重要文化財

蘇言機

地域の特性

　関東地方の北東部に位置する。北側に阿武隈高地に属する八溝山地と多賀山地が南へのび、中央から南西側に関東平野北東部にあたる常陸台地、常総台地が広がる。南東側は太平洋に面して平滑な海岸線が続いて、湖沼の多い低地帯である。県北部は炭鉱開発と日立地区の近代工業が発展し、県央部の常陸台地では水田の拡張が困難なために、畑作による近郊農業や養豚業が盛んである。県南東部は湖沼や河川による水運の発達した水郷地帯で、農村風景が広がる。

　県南東部の霞ヶ浦周辺や太平洋沿岸の河川に古墳が築造され、水上交通の要衝に有力な豪族たちが存在していた。939年に平将門が常陸の国府を急襲し、続いて関東地方を制覇したが、征討された。平将門の乱は、古代律令制から武家社会への胎動であり、武家の権力が強化されていった。鎌倉時代に佐竹氏、八田氏、結城氏、大掾氏が有力だった。関ヶ原の戦い後、佐竹氏は秋田、結城氏は福井に移され、古い勢力が一掃されて、徳川御三家の一つである水戸藩と、多数の小藩が置かれた。明治維新の廃藩置県で、幕末にあった14の藩が統合されて茨城県となった。

国宝 / 重要文化財の特色

　美術工芸品の国宝は2件、重要文化財は40件である。水戸藩2代藩主の徳川光圀は、南朝の正統性を論じた『大日本史』の修史事業に着手して、彰考館を設けて全国から学者を招き、多くの古文書・書籍を集めた。また光圀は、栃木県の那須国造碑 ●の保存や史跡侍塚の発掘保存を行う一方、廃仏毀釈を推進し、名刹名社を保護しつつ、その他大多数の寺院・仏像を処分した。水戸徳川氏の歴代収集品は、現在徳川ミュージアムにある。そのほかに、筑波研究学園都市の学術機関に近代産業の器機や観測器が収蔵されている。建造物に国宝はなく、重要文化財は32件である。9代

　凡例　●：国宝、：重要文化財

藩主徳川斉昭の建てた藩校の弘道館、地域的な寺院・神社や農家などが重要文化財となっている。

◎**服飾類**　　水戸市の徳川ミュージアムの所蔵。桃山時代の工芸品。徳川家康（1542〜1616年）の遺品の一部である。家康から御三家へ遺産分与の内容は、尾張徳川氏と水戸徳川氏に伝来した受取目録である駿府御分物帳によって知られている。目録を見ると、陶磁器、服飾、能装束、反物、茶道具、文房具、薬種、刀剣、具足、金銀、骨董品、絵画、書籍など多種多様なものが莫大な数量で分与されたことがわかる。家康の第11子で水戸藩初代藩主徳川頼房に遺贈された物品の中で、服飾類には絞り染に筆で花鳥などを描く桃山時代に流行した辻が花染の衣服が多く含まれていた。例えば白地三ツ葵紋付檜草花文辻が花染胴服は、裾を薄い藍色の山形に染め分けて忍草、ナデシコ、紫陽花などを墨で描き、上部全体には檜の幹と葉を絞り染めにして墨で細部を描いている。そのほかに袴、軽衫（半ズボン）、具足下着、陣羽織、小袖、下着、布団などがまとまって残っている。これらの服飾類は、風俗画に登場する人たちの、華やかな衣装を連想させる。

◎**鷹見泉石関係資料**　　古河市の古河歴史博物館で収蔵・展示。江戸時代後期の歴史資料。鷹見泉石（1785〜1858年）は古河藩家老で、名は忠常、通称十郎左衛門といい、泉石は隠居後の号である。洋風画家渡辺崋山の描いた肖像画鷹見泉石像でよく知られている。鷹見泉石は古河藩士の家に生まれ、江戸詰となって藩主に近侍し、47歳で家老職に就いた。藩主の土井利厚、土井利位は譜代大名として寺社奉行、大坂城代、京都所司代、老中など幕府要職を歴任し、対外危機意識の高まる中、鷹見も海外事情の分析に活躍した。天文、暦数、地理、歴史、兵学など幅広く国内外の文献・資料の収集に努め、みずからも『新訳和蘭国全図』や『蝦夷地北蝦夷地図』などを著した。集められた膨大な資料は、散逸することなく鷹見氏の子孫によって伝えられ、2002年に13,033件が古河歴史博物館に寄贈され、そのうち3,157点が重要文化財に指定された。文書・記録類、絵図・地図類、書籍類、書状類、絵画・器物類に大別され、100冊を超える自筆日記、村絵図、城郭図、寺社境内図、日本全図、海外図など各種地図、語学、地理、歴史、地誌、測量、兵学の実用書、幕府役人、和蘭通詞（通訳）、唐通事、長崎奉行、蘭学者、文人からの手紙、測量・製図器具、鉛製兵隊人形、輸入皿、ガラス器等々、内容は多岐にわたる。

江戸時代後期の西洋に関する学術研究の実態を示している。

◎蘇言機（そごんき）　　つくば市の国立科学博物館筑波地区理工第一資料棟で保管。レプリカを東京上野の国立科学博物館で展示。イギリス／19世紀の歴史資料。お雇い外国人として東京大学に赴任した地震学者ジェームス・ユーイングが製作したエジソン式の録音機器である。鉄棒の中央に金属製円筒を取り付けた本体部分と、録音・再生用のヘッド部分から成る。鉄棒は長さ約50cmで螺旋状（らせん）のネジが切られていて、右側のハンドルを回すと、鉄棒と金属製円筒とが一体となって回転し、横軸方向に少しずつ移動する。録音・再生用のヘッド部分には、マイクロフォンおよびスピーカーの役割を果たす銅製振動板を張った太鼓状の小さい円筒があり、その前に金属の刃が取り付けられている。金属製円筒の表面に記録用の錫箔（すずはく）を巻き、それに接するようにヘッド部分の刃を固定し、振動板に向かって話しながらハンドルを回転させると、刃によって錫箔に溝が刻まれて音声の記録となる。円筒を元の位置に戻して同じように回転させると、今度は逆に錫箔に刻まれた溝によって刃が振動板を振るわせ、音が再生されるのである。ユーイングは1878年11月16日に、東京大学理学部実験室で蘇言機を使った日本最初の録音・再生の実験を行った。翌年の一般向けの実演で、東京日日新聞社社長の福地桜痴（ふくちおうち）が「コンナ機械ガデキルト新聞屋ハ困ル」と吹き込み、再生したという逸話が残っている。錫箔の代わりに蝋（ろう）を塗った蝋管式蓄音機（かんしきちくおんき）が19世紀末に普及する以前の、先駆的な録音機器だった。

◎佐竹寺本堂（さたけでらほんどう）　　常陸太田市にある。室町時代後期の寺院。北関東で鎌倉時代から戦国時代にかけて有力だった佐竹氏代々の祈願所として発展した。985年の創建と伝えられ、現在地から西北西に約700m離れた鶴ヶ池の洞崎の峰に建てられて、観音寺と称した。佐竹氏初代昌義（まさよし）は1177年に300貫の寺領を寄進し、6代長義（ながよし）は衰えていた寺堂を再興した。1543年に兵火で焼失し、1546年に18代義昭（よしあき）によって現在地に再建された。その後佐竹氏の秋田転封に伴い、寺運はしだいに衰えていった。本堂は桁行（けたゆき）5間、梁間（はりま）5間の茅葺（かやぶき）の寄棟造（よせむねづくり）で、周囲に柿葺（こけらぶき）の裳階（もこし）をめぐらし、正面に唐破風（からはふ）が設けられている。大きな茅葺の屋根は重厚感を感じさせる。母屋（もや）の正面1間分を後退させるという特殊な造りで、長くなった海老虹梁（びこうりょう）などの上部構造がよく見える。花頭窓（かとうまど）や丸窓、象や獏（ばく）などを彫刻した繰形（くりがた）のある木鼻（きばな）など装飾性に富んでいる。

◎旧弘道館

水戸市にある。江戸時代末期の学校。徳川斉昭（1800〜60年）が1841年に水戸城三の丸に開設した藩校である。178,200m²の広大な敷地内に正門、正庁、至善堂、文館、武館、医学館、天文台、孔子廟、鹿島神社、八掛堂、調練場など多数の諸施設があった。1868年の兵火で文館、武館、医学館などを失い、太平洋戦争の戦災で鹿島神社、孔子廟、八掛堂を焼失した。残った正門、正庁、至善堂が重要文化財に指定された。正門は四脚門で、藩主の来館や諸儀式を行う時にのみ開門した。政庁は学校御殿ともいい、藩主が臨席して文武の試験などを行った。桁行12間、梁間5間半と大きく、南西奥の正席の大広間には床の間、違棚、付書院が設けられて書院造となっている。屋根は入母屋造で、丸瓦と平瓦を組み合わせた波形の桟瓦を葺いている。屋根頂部の大棟は大きく、半円形の輪違瓦を積み重ねて独特な幾何学文様を見せる。正面北寄りに方3間の玄関があり、軒下に裳階のような柿葺の下屋根が取り付けられている。至善堂は藩主のいた座所で、正庁の北西に位置し、長さ10間の畳廊下で連結している。江戸時代末期の大規模ながら簡素な書院造の建造物である。

◎シャトーカミヤ旧醸造場施設

牛久市にある。明治時代の産業施設。神谷伝兵衛が創設したワイン醸造施設で、シャトーとは、ブドウの栽培から瓶詰までを一貫生産するブドウ園を意味する。神谷は、1893年にブランデーをもとにした電気ブランというアルコール飲料を発売した。続いて1898年に約120haのブドウ栽培適地を購入して、ブドウ園の北寄り一角に牛久醸造場であるシャトーカミヤを1903年に建設した。レンガ造の事務室、醗酵室、貯蔵庫が残っている。事務室は2階建で、正面中央を少し前に突出させ、2階屋根を切妻破風にして、蜂とブドウの絵がある。1階中央に醗酵室へ向かう通路が通り、通路上にトスカナ式円柱に支えられた半円アーチがかかる。アーチには大きな文字で CHÂTEAU D.KAMIYA と記す。向かって右側に時計塔を立ち上げて、左右非対称にする。醗酵室も2階建で、2階は機械作業室、1階は醗酵室、地階は貯蔵倉庫となり、当時の設備構成と製造工程がうかがえる。

☞ そのほかの主な国宝 / 重要文化財一覧

	時 代	種 別	名 称	保管・所有
1	古 墳	考古資料	◎武者塚古墳出土品	上高津貝塚ふるさと歴史の広場
2	平 安	彫 刻	◎木造観世音菩薩立像（寺伝延命観音像）	楽法寺
3	平 安	彫 刻	◎木造不動明王及二童子立像	不動院
4	平 安	考古資料	◎銅印（印文「静神宮印」）	静神社
5	鎌 倉	絵 画	◎絹本著色法然上人像	常福寺
6	鎌 倉	絵 画	◎絹本著色十六羅漢像	金竜寺
7	鎌 倉	絵 画	◎紙本著色聖徳太子絵伝	上宮寺
8	鎌 倉	彫 刻	◎木造千手観音立像	楞厳寺
9	鎌 倉	彫 刻	◎木造聖徳太子立像（太子堂安置）	善重寺
10	鎌 倉	書 跡	◎大燈国師墨跡	徳川ミュージアム
11	室 町	工芸品	◎朱漆足付盥	六地蔵寺
12	中国／元	絵 画	◎絹本著色復庵和尚像	法雲寺
13	フランス／19世紀	歴史資料	◎メートル条約並度量衡法関係原器	産業技術総合研究所計量標準総合センター
14	鎌倉後期	銅 塔	◎西蓮寺相輪橖	西蓮寺
15	室町中期	寺 院	◎小山寺三重塔	小山寺
16	室町後期	寺 院	◎来迎院多宝塔	来迎院
17	室町後期	寺 院	◎善光寺楼門	善光寺
18	桃 山	寺 院	◎佛性寺本堂	佛性寺
19	桃 山	神 社	◎八幡宮本殿	八幡宮
20	江戸前期	神 社	◎鹿島神宮	鹿島神宮
21	江戸中期	民 家	◎山本家住宅（神栖市奥野谷）	―
22	江戸中期〜後期	民 家	◎坂野家住宅（水海道市大生郷町）	水海道市
23	江戸末期	神 社	◎笠間稲荷神社本殿	笠間稲荷神社
24	明 治	学 校	◎旧茨城県立土浦中学校本館	茨城県
25	明治〜大正	産 業	◎石岡第1発電所施設	東京発電株式会社

城 郭

水戸城大手櫓門

地域の特色

　茨城県は旧常陸国と下総国北部からなる。県名の茨城県の由来となった茨城郡は『常陸国風土記』の「黒坂命の賊退治」の話から名づけられた。古代日本の最大の兵乱、平将門の乱は常陸国南部が中心の兵乱で、将門は父義将のあった石下館で挙兵し、鎮圧軍の平貞盛は水守館・多家城を本拠とした。嗣子維幹は常陸大掾となり、その一族に吉田、豊田、行方、鹿嶋、真壁、東条、下妻氏を輩出する。名族源氏の佐竹氏は県北にあった。

　隣国の下野国では鎌倉開府以来、小山氏が祇園城にあり、次第に強大となり、下河辺氏、八田氏も勢力を張った。ここ常陸国では佐竹・大掾氏が強大であったが、馬場氏が大掾氏の跡を継承、水戸城にあった。南北朝争乱期の頃から塩谷氏が笠間城にあって笠間氏を名乗り在地豪族となった。北畠親房・小田氏一族は小田・大宝・関・真壁の各城で南朝側の一大拠点をつくり、北朝勢力は太田・金砂山・行方・鹿島・烟田の各城を拠点として、これに対抗した。

　室町期に至り、結城氏らは足利持氏の遺児春王丸・安王丸を擁立し、幕府に抗した。幕府は上杉清方を派兵し結城氏らを討ち、春王丸・安王丸は美濃で処刑された。宝徳元（1449）年、結城氏は再興。戦国期には政勝が戦国大名に成長し、「結城家法度」を制定、その子晴朝は、徳川家康の子秀忠を養子に迎え入れ、徳川一門となった。

　戦国期には結城氏のほか、常陸では水戸城に江戸氏、太田城に佐竹氏、下妻城に多賀谷氏が乱立した。このうち太田城の佐竹義重が力をつけて戦国大名に成長し、やがて水戸城に移り、領国経営を行い天正18（1590）年、豊臣氏に服属する大名となった。江戸時代には佐竹氏は出羽に転封となり、明治に及んだ。

　近世では、笠間城（牧野氏）・水戸城（徳川氏）・松岡城（戸沢氏）・土浦城（土屋氏）・下館真壁城（石川氏）などが城として明治維新時に存在、陣

屋は宍戸・松川・志筑・府中・牛久・谷田部下妻が明治維新時に存在した。

水戸城

別名 馬場城、佐竹城、江戸城　**所在** 水戸市　**遺構** 土塁、空堀、門、復元大手門

　水戸城は建久年間（1190〜99）に大掾（馬場）資幹により馬場城として築かれたと伝わる。室町期に入り、応永23（1416）年、城主は馬場氏から江戸氏に替わった。7代続いた江戸氏は主家佐竹氏と対立。天正18（1590）年の小田原役の折、佐竹氏は豊臣秀吉の陣に参じ、江戸氏は従わず廃絶。佐竹氏の領地となる。佐竹義宣は入城後まもなく城を大改修。水戸城と改める。

　関ヶ原の戦い後、佐竹氏は秋田の久保田城に転封となった。徳川家康は江戸城の北方防備を重視、水戸城主に松平氏、由良氏らを城代に置いた。後に家康の七男武田信吉を下妻城より水戸城に移したが早世し、十一男頼房が水戸城に入り25万石をもって水戸徳川家を興した。頼房は寛文元（1661）年に没したが、水戸徳川家は徳川御三家として10代慶篤の明治に至るまで続いた。城の構造は本丸、二の丸、三の丸と一線上に丘陵上に連なる連郭式縄張で、その曲輪の間に堀切を設け、北に那珂川、南に千波湖を望む要害であった。令和3（2021）年には発掘調査や文献調査をもとに大手門が復元された。

結城城

別名 臥牛城　**所在** 結城市結城　**遺構** 土塁、空堀

　結城合戦で有名な永享の乱の舞台となったのがこの城である。永享11（1439）年関東管領足利持氏は、永享の乱で敗死したが、その遺児春王丸・安王丸は、結城氏朝をはじめとした下野の武士に守られて旗上げ2万余の兵に包囲され1年にわたって籠城する。合戦史上まれにみる長期で、結城の要害堅固が名実ともに窺える。城が落ちて春王丸・安王丸は殺されるが、その兄弟が古河公方となる。結城氏はその後17代晴朝のとき、徳川家康の子秀康を迎え、福井に転封となる。元禄13（1700）年水野勝長が城主となり、明治に及んだ。

土浦城

別名 亀城　**所在** 土浦市中央1丁目　**遺構** 太鼓櫓門、水堀、土塁、復元東・西櫓　**史跡** 県指定遺跡

　土浦城は霞ヶ浦に接する水城の構えで、五重の堀に湖水が満たされてい

た。初めてこの地に城が築かれたのは平安末期のこと。伝承では平将門というが、地元ゆかりの初期武士団であろう。やがて関東八将の一つ小田氏の将たる今泉三郎が、小田氏の出城として築城した。今泉氏は戦国期に木田余城に移り、菅谷勝貞・政貞父子が城主となった。菅谷氏は天正18（1590）年豊臣秀吉に城を明け渡し、徳川家康が江戸に幕府を開くと5千石の旗本になり、江戸に居を置き、二条城勤番などを務めた。

　文禄4（1595）年には結城秀康が入城。大規模な改修を加え、「土浦小判」を鋳造し、土浦城は北関東の政治・経済の要となった。しかし、関ヶ原合戦後秀康は福井に転じ、松平信吉が入城。元和4（1618）年には西尾忠永が入城。西尾氏は城の東と西に二層櫓2基を築き整備。さらに慶安2（1649）年に入城した朽木稙綱は現存する本丸櫓門を建立。その後、土屋氏が11代続いて明治に至った。

　江戸中期の絵図によると本丸に二層櫓2基、門2、二の丸にも櫓2基と門3棟が築かれ、城下町の北門（真鍋口）には辻の馬出に丸馬出併用の珍しい虎口の形が構えられていた。天和2（1682）年に入封した松平信興の時に改修されたこの虎口は、山本菅助によって設計されたと伝承される。

古河城　<small>こが</small>　所在　古河市桜町

　古河には室町・戦国期に古河公方と呼ばれた足利氏が5代にわたり君臨した。古河公方公園に接する舌状に突出する地が公方の居城址である。古河城はこの公方館の西側にある渡良瀬川河原床にあった。利根川改修により城址全域が河原敷内に組み込まれ削られ、まったくその姿をとどめていない。ただ冬枯れのとき、河原床にかつての濠跡が雑草と土砂の違いから浮かび上がり、朧気ながら平面遺構が浮かび上がる本丸、二の丸、三の丸の区画と濠ラインがわかり、かつての規模の一端を偲ぶことができる。徳川家康が入部した折に小笠原秀政を古河に封じ、新たな築城を着手させた。慶長7（1602）年には松平康長、元和5（1619）年に奥平忠昌、寛永10（1633）年土井利勝が相継ぎ入城、普請を引き継ぎ竣工した。本丸には御三階櫓があがり、二の丸が本丸周囲に廻り、三の丸が北西側の城下町に接して築かれていた。古河公方館跡はこの河原床のすぐ東隣に位置する。

関城　<small>せき</small>　所在 筑西市関館　史跡 国指定史跡

　関氏は結城朝広の四男朝泰が関氏の祖となり、この地に居城したことに始まる。南北朝争乱期の延元年間（1336～40）に関城主関宗祐は南朝に属し、北畠親房を小田城から関城に迎え入れた。結城直朝は北朝側にあり、足利の軍勢を率いて関城を攻めた。直朝は討死し、結城勢は苦戦するに及び、高師冬が指揮をとることとなった。

　高師冬は長陣を打破するため、城外より関城中へ坑道を掘って、軍勢を関城内まで送り込む作戦に出た。師冬のこのトンネルによる関城攻めは見事成功して、足利勢は関城中に進軍、城を陥落させたのである。関落城により関宗祐・宗政父子は討死。北畠親房は吉野に逃れた。この足利勢による坑道攻めの成功は、戦国時代になって大きな影響をもたらした。

小田城　<small>お　だ</small>　所在 つくば市小田　遺構 堀、土塁　史跡 国指定史跡

　小田城は関東を代表する城で、城主小田氏が常陸国南部に頭角を現すのは、元弘3（1333）年小田治久が建武政権に参加、北畠親房を小田城に迎え入れて以降。親房は『神皇正統記』を城中で執筆した。小田城は東国の南朝方の一大拠点となり、北朝方の激しい攻撃を受け、暦応4（1341）年治久は降伏。親房は関城に移った。嘉慶元（1378）年、小田孝朝は北朝方幕府の鎌倉府に反旗を翻した小山若犬丸を匿い、鎌倉府の討伐を受ける。政治の代には江戸・結城氏らと抗争。後北条氏が北関東に進出すると抗争、その後同盟するが、永禄7（1564）年、後北条市と対立する上杉・佐竹勢により落城。その後、氏治の代に佐竹氏の軍門に降り、結城氏に従い越前へ移る。慶長7（1602）年佐竹氏の秋田移封により廃城となる。その後一時幕府の直轄となり陣屋が置かれたが間もなく廃された。城跡は平成9（1997）年から発掘調査が断続的に実施され、同28（2016）年にはそれまでの調査結果をもとに整備の結果「小田城歴史ひろば」を開園した。

笠間城　<small>かさ　ま</small>　別名 桂城　所在 笠間市笠間　遺構 石垣、土塁、空堀、井戸、門

　この城が築かれたのは、天文年間（1532～55）に当地の豪族笠間持朝によるもので、その後、天正18（1590）年城主笠間綱家の代に滅ぼされ、宇都宮国綱が領するに及んだ。宇都宮氏は城代を置くが、文禄年間（1592～

96）に至り、宇都宮氏の家臣玉生美濃守高宗が城主となった。慶長3（1598）年、会津若松城にあった蒲生秀行が、宇都宮城に転封され、笠間城も蒲生氏の持城となり、城代が置かれた。

　その後、大坂冬・夏両陣で戦功をたてた永井直勝が上野国小幡城より入城したが、間もなく古河城に移った。代わって浅野長重が、常陸真壁城より5万3千石を領して入城するに及んだ。長直（長重の子）は寛文10（1670）年播磨国赤穂城に転封となった。その後城主は井上正賢らを経て、延享4（1747）年牧野貞通が日向延岡より入城。以後、牧野氏歴代が城主を務め明治に及んだ。

戦国大名

茨城県の戦国史

　茨城県では北部を鎌倉時代以来の守護大名佐竹氏が支配し、南東部は常陸平氏と呼ばれた大掾氏の一族が割拠、南西部には小田氏や結城氏がいた。さらに足利成氏が古河に移り住んで古河公方となり、周辺の諸氏を臣従させた。佐竹氏は有力一族である山入氏との抗争が長期化、さらに小田氏でも内訌が生じていた。

　天文15年（1546）古河公方足利晴氏が山内・扇谷の両上杉氏とともに武蔵国河越で北条氏方の北条綱成と対戦して大敗（河越夜戦）、以後常陸国にも相模北条氏の力が浸透してくるようになる。そうしたなか、結城政勝・晴朝父子が北条氏康に接近、弘治2年（1556）結城氏は北条氏の支援を得て小田氏を討ち、小田氏治を追放している。

　一方、佐竹氏は山入氏との内訌を決着させ、次第に力を蓄えて陸奥国に侵攻、陸奥南部の一部を支配下に入れている。永禄3年（1560）には佐竹義昭は越後守護代の長尾景虎（上杉謙信）に関東出陣を要請して北条氏を小田原に押し戻し、永禄12年（1569）には小田領を回復していた小田氏を滅ぼした。

　佐竹氏と結んでいた水戸城の江戸氏は鹿島郡に勢力を伸ばしていたが、重臣神生氏の叛乱を機に没落、佐竹義宣は真壁氏を支配下に組み込み、さらに南西部で独立していた多賀谷重経には弟の宣永を養子として送り込んで、常陸国の大部分を支配した。

　天正18年（1590）豊臣秀吉の小田原攻めに義宣が参陣して所領が安堵される一方、水戸城の江戸重通は参陣せず佐竹義宣に攻められて敗れ、結城氏のもとに逃れた。翌年義宣は鹿島・行方2郡に割拠していた大掾氏一族の諸氏を謀殺して、豊臣大名として常陸一国の支配が確定し、水戸城に転じた。

宇佐美氏　常陸国の国衆。藤原姓の伊豆宇佐美氏の一族とも平姓ともいう。治承4年（1180）佐竹氏が源頼朝に所領を没収された際に、宇佐美祐茂が佐都東郡（常陸太田市）の地頭となったのが祖。祐茂は建保元年（1213）の和田合戦の際に和田義盛に与して所領を失ったというが、子孫は同地に土着し、安良川館（高萩市）に拠った。戦国時代には竜子山城主大塚氏に仕えていた。慶長元年（1596）大塚氏が折木城（福島県双葉郡広野町）に転じた際には従った。

江戸氏　常陸の戦国大名。藤原北家秀郷流。南北朝時代、那珂通泰は北朝方の高師泰に従い、那珂郡江戸郷（那珂市下江戸）を与えられて、その子通高が江戸氏を称したのが祖。応永23年（1416）の上杉禅秀の乱では守護佐竹氏のもとで通房が活躍、馬場氏（大掾氏）から水戸城を奪ってこれに拠った。本来江戸氏は佐竹氏の被官だったが、永禄年間には通長は南進して鹿島郡に進出、一方佐竹氏の内訌に乗じて佐竹領にも進出するなど、佐竹氏の被官を離れて、常陸の戦国大名として成長した。やがて佐竹氏と対立し、天文年間（1532〜55）には激しく争った。さらに天正年間には大掾氏と抗争を続けている。天正16年（1588）内訌が起こって当主重通の嫡男通升が戦死。同18年の豊臣秀吉の小田原征伐には重通が参陣しなかったことから、佐竹義宣に攻められて落城、妻の兄である結城晴朝のもとに逃れた。重通の二男宣通は結城秀康に仕えて水戸氏と改称した。

大塚氏　常陸国多珂郡の国衆。藤原姓。正慶2年（1333）大塚五郎次郎員成は新田義貞に従って鎌倉攻めに参加、のち大塚郷（北茨城市磯原町大塚）の地頭となる。南北朝時代、員光は南朝方に属して興国元年（1340）の大畑山合戦で討死すると、北朝方の佐竹貞義は弟成貞に大塚氏を継がせ、以後佐竹氏の被官となった。応永年間（1394〜1428）に竜子山城（高萩市下手綱）を築城して本拠を移し、戦国時代は岩城氏に属した。慶長元年（1596）隆通は磐城貞隆（佐竹義重の三男）に従って陸奥国折木城（福島県双葉郡広野町折木）に移ったが、同7年岩城氏が改易。隆通は石川氏の家

臣となった。

大山氏　常陸佐竹氏の庶流。清和源氏。佐竹義篤の五男義孝が常陸国茨城郡大山（東茨城郡城里町）を領して大山氏を称したのが祖。以来代々大山城に拠って佐竹氏に仕えた。4代義長の娘は佐竹義治の室となり、義舜を産んでいる。関ヶ原合戦後、義則は佐竹氏の秋田転封に伴って角館に移った。以後は秋田藩士となる。

岡見氏　常陸国牛久の国衆。藤原北家。小田治久の二男某が河内郡岡見（牛久市岡見）に住んで岡見氏を称したのが祖。のち嫡流の足高岡見氏の他、牛久岡見氏、谷田部岡見氏の3家に分裂した。天正14年（1586）谷田部城が多賀谷重経に敗れて落城し、頼忠も討死。翌年には足高城主の宗治、牛久城主の治家も討死して滅亡した。

小田氏　常陸の戦国大名。藤原北家で宇都宮氏の一族。文治5年（1189）八田知家が常陸守護となり、子知重の系統が守護を世襲して小田城（つくば市小田）に拠って小田氏を称した。南北朝時代は南朝に属し、北畠親房が『神皇正統記』を著したのも小田城である。暦応4年（1341）高師冬に敗れて落城、常陸守護職を失って没落した。室町時代は鎌倉公方に仕え、孝朝の頃から再興。弘治2年（1556）氏治は北条氏・結城氏に敗れて落城。永禄6年（1563）には北条氏と結んだものの、元亀3年（1572）の大晦日に太田資正に攻められて再び落城した。以後は藤沢城に拠って佐竹氏と争い、天正11年（1583）佐竹氏に降伏。同18年の豊臣秀吉の小田原攻めでは、豊臣方の佐竹氏から独立して小田城の奪還を試みたとして所領を没収され、滅亡した。

小野崎氏　常陸国久慈郡の国衆。同郡佐都荘小野崎（常陸太田市）発祥で、藤原北家秀郷流。代々佐竹氏に従って重臣となった。額田小野崎氏と石神小野崎氏の2系統がある。額田小野崎氏は額田城（那珂市）に拠り、佐竹氏の山入の乱では就通が山入方に与している。天正18年（1590）の小田原攻めでは昭通が佐竹義宣とともに豊臣秀吉に拝謁したが、翌19年佐竹氏に襲われて落城、昭通は伊達氏のもとに逃れた。江戸時代は水戸藩士となった。

一方、石神家は額田家に敗れたのちに佐竹氏の仲介で旧領を回復。額田家が佐竹氏に襲われて滅亡したのちも佐竹氏に従い、江戸時代は秋田藩士となった。

笠間氏〔かさま〕　常陸国茨城郡の国衆。宇都宮氏の庶流。塩谷朝業の子時朝が笠間（笠間市）に住んで笠間氏を称したのが祖。室町時代は宇都宮氏の被官で、戦国時代も宇都宮氏のもとで北条氏に属した。天正18年（1590）の豊臣秀吉の小田原攻めの際には綱家が宇都宮国綱の家臣として秀吉に謁見したが、のち国綱に討たれて滅亡した。

鹿島氏〔かしま〕　常陸大掾氏の一族。吉田清幹の三男成幹が常陸国鹿島郡鹿島郷（鹿嶋市）に住んで鹿島三郎と称したのが祖。多くの庶流を出し、嫡流は成幹の三男政幹が継いだ。政幹は頼朝に仕えて鹿島神宮総追捕使となり、以後世襲した。大永4年（1524）義幹のとき家臣団と対立、大掾氏・江戸氏と結んだ家臣団に敗れて義幹は戦死。大掾忠幹の子通幹が鹿島氏を継いだが、通幹も家臣団と対立して府中に戻り、結局下総国東荘に逃れていた義幹の子治時が家督を継いだ。しかし、その後も内訌があって次第に没落した。同18年の豊臣秀吉の小田原攻めでは所領を安堵されたが、翌年清秀らが佐竹義宣に山方城で謀殺、その妻は残兵とともに鹿島城で抵抗したが討死して滅亡。のち治時の女婿にあたる国分胤政の子が名跡を継ぎ、江戸時代は鹿島神宮神官となった。

烟田氏〔かまた〕　常陸大掾氏の庶流。天福2年（1234）徳宿秀幹の二男幹（朝）秀が鹿島郡内に所領を与えられ、常陸国鹿島郡烟田村（鉾田市）に住んで烟田三郎と称したのが祖。応永23年（1416）の上杉禅秀の乱では幹胤は足利持氏に与した。天正年間、鹿島氏の内訌の際に勢力を広げ、同18年の小田原攻めでは武蔵忍城攻めに参加している。しかし、翌19年通幹が佐竹義宣に謀殺されて滅亡した。

佐竹氏〔さたけ〕　常陸の戦国大名。清和源氏。後三年の役に際して源義光は兄義家を助けて常陸介となり、子義業が下向して常陸国久慈郡佐竹郷（常陸太田市）を領したのが祖。義業の子昌義は佐竹氏を名乗り、常陸北部に勢力

を広げ、昌義は奥七郡（那珂東・那珂西・佐都東・佐都西・久慈東・久慈西・多珂）を領した。源頼朝が挙兵した際、佐竹隆義は京都で平氏に従っていたことから、在国の秀義は金砂山城に拠って頼朝に抗したが敗れ、奥七郡を没収された。文治5年（1189）の奥州藤原氏討伐の際に秀義が頼朝に仕えて功をあげ、所領の一部を回復して御家人に列した。南北朝時代、貞義は北朝に属して常陸守護となり奥七郡を回復。以後常陸守護を世襲した。多くの庶子家を分出して惣領制を確立、また上杉憲定の子義仁（義憲）を養子に迎えて関東管領上杉氏と結んだ。しかし、一族の山入氏の叛乱によって、延徳2年（1490）には義舜は太田城を奪われて大山城に逃れている。永正元年（1504）岩城常隆の支援を得て太田城を奪還、同3年に山入氏を討伐した。さらに白河結城氏を攻めて旧領を回復するなど佐竹氏中興の祖といわれる。義篤は那須氏の内紛に乗じて下野国那須地方に進出、その子義昭は常陸南部の小田氏を攻めるなど、戦国大名として発展した。永禄10年（1567）義重のときには奥州南部まで勢力を広げ、子義宣は江戸氏、大掾氏を滅ぼして水戸に移り、豊臣政権下では54万石を領した。関ヶ原合戦の際、義宣は石田三成と親交があったため西軍に与し、戦後出羽久保田（秋田市）に減転となった。

宍戸氏 常陸の戦国大名。藤原北家宇都宮氏の一族。八田知家の四男家政が常陸国茨城郡宍戸荘（笠間市宍戸）に住んで宍戸氏を称したのが祖。建仁3年（1203）宍戸城を築城、常陸守護もつとめた。南北朝時代は北朝に属し、南朝に属した宗家小田氏に代わって嫡流の地位を占めた。以後、戦国時代まで小田氏に属していたが、永禄5年（1562）佐竹氏に転じ、天正年間には江戸氏に与していた。天正18年（1590）に佐竹氏が常陸一国を安堵されるとその家臣団に組み込まれた。

信太氏 常陸国信太郡の国衆。紀貞頼が信太荘（土浦市・稲敷郡）荘司となって信太氏を称した。戦国時代は木田余城（土浦市木田余）に拠って代々小田氏の重臣をつとめ、永正13年（1516）範宗は土浦城主の若泉氏を滅ぼしている。永禄7年（1564）信太伊勢守は上杉謙信によって小田氏の小田城とともに木田余城を落とされた。翌年には小田氏治とともに小田城を回復したが、元亀元年（1570）再び小田城を失って土浦城に落ちた小田氏治に

よって誅殺された。

島崎氏　常陸国行方郡の戦国大名。桓武平氏大掾氏一族の行方景幹の二男高幹が島崎城（潮来市）に拠って島崎氏を称し、行方郡に勢力を振るった。乾元元年（1302）重幹は鹿島郡にも進出。南北朝時代には北朝に属して小田氏と争った。大永2年（1522）利幹は長山城を攻めて同族の長山幹綱を自刃させると、同5年には鹿島氏の内訌に乗じて鹿島郡を制し、天文5年（1536）には玉造氏を降して、鹿行地区をほぼ制した。さらに、元亀元年（1570）には氏幹が烟田氏を降している。天正19年（1591）に佐竹義宣によって当主父子（安定とその子か）が謀殺されて滅亡した。

芹沢氏　常陸国行方郡の国衆。桓武平氏大掾氏の庶流。大掾氏嫡流だった多気義幹は八田知家の讒言で所領を没収されて没落、嫡流の地位を失い駿河に転じたとされる。そして、義幹の二男茂幹の曾孫幹文が相模国高座郡芹沢（神奈川県茅ヶ崎市）に住んで芹沢氏の祖となったと伝える。5代目良忠のときに常陸に戻って大掾詮国に仕えた。良忠の子光尊は相模国に留まり、孫の俊幹が常陸国行方郡に転じ、以後古河公方に仕えた。戦国時代、国幹は大掾氏・佐竹氏に従った。しかし、天正19年（1591）に佐竹氏が行方郡に侵攻、国幹は開城して下野に落ちた。江戸時代は水戸藩士となった。

高久氏　常陸佐竹氏の庶流。佐竹行義の五男景義は那珂郡野口村（常陸大宮市）に住んで野口氏を称したが、のちに野口を子に譲って自らは常陸国茨城郡高久村（東茨城郡城里町高久）に移り住んで高久氏となった。以後代々高久城に拠る。正長元年（1428）義本・義景父子は山入一揆に呼応して挙兵したが大山義通に攻められて落城。その子義時のときに高久城を回復、以後は佐竹氏に従った。天文12年（1543）義時・義貞・宮寿丸の3代が陸奥関山で討死して滅亡した。

多賀谷氏　常陸の戦国大名。武蔵七党野与党の有賀頼基の三男光基が武蔵国埼玉郡騎西荘多賀谷郷（埼玉県加須市）に住んで多賀谷二郎を称したのが祖。その子重光の跡は、村山党の金子家忠の二男家政が継いだとされる。鎌倉幕府の御家人となり、のち結城満広の子光義が継いで本拠を下総

国結城に移し、以後結城氏に属した。結城合戦の際、光義の長男彦太郎は討死、二男氏家は結城氏朝の子重朝を奉じて佐竹義憲のもとに逃れた。宝徳2年（1451）に結城氏が再興されるとその近習（きんじゅ）となり、享徳3年（1454）には上杉憲忠を討ち、その功で下妻を与えられて多賀谷城（茨城県下妻市）を築城した。戦国時代には結城氏のもとを離れて独立、佐竹氏や宇都宮氏と結んで北条氏と戦った。天正18年（1590）の豊臣秀吉の小田原攻め後は秀吉に仕えて、下妻で6万石を領した。重経は関ヶ原合戦で西軍に属したため翌年除封となった。

玉造氏（たまつくり）　常陸大掾氏の庶流。行方景幹の四男幹政が常陸国行方郡玉造（行方市）に住んで玉造氏を称したのが祖。玉造氏は行方郡に広がり、手賀氏、石神氏、白井氏、鳥名木氏などの庶子家を分出した。天正18年（1590）玉造重幹は豊臣秀吉に所領を安堵されたが、翌年佐竹義宣に謀殺されて滅亡した。

塚原氏（つかはら）　常陸国鹿島郡の国衆。塚原城（鹿嶋市）に拠る。室町時代、鹿島神宮の神官吉川家の二男から塚原土佐守安幹の養子となって塚原氏を継いだ卜伝は剣客として有名。諸国を修行したのち上京して足利将軍に兵法を授けた。天正19年（1591）佐竹氏に敗れて義隆が討死し滅亡した。

天神林氏（てんじんばやし）　常陸佐竹氏の庶流。佐竹義俊の二男義成（義賀）が常陸国久慈郡天神林（常陸太田市天神林）を与えられて、天神林氏を称した。義成は山入氏の乱に際して山入方に与して佐竹義舜を太田城から追放、文亀2年（1502）義舜によって、子義益とともに討たれた。この際、義益の庶子上野介（義賢とも）は佐竹義舜に従い、天神林氏の名跡を継いだ。以後代々佐竹氏に仕え、江戸時代は秋田藩士となった。

土岐氏（とき）　常陸国信太郡の国衆。美濃土岐氏と同族。弘安年間に土岐師親が信太荘の地頭となり、南北朝時代末期に常陸に入部。以後代々江戸崎（稲敷市）に住んだ。当初は土岐原氏を称して、永正年間に美濃守護の土岐氏から治頼が女婿となって家督を継いで、以後は土岐氏を称した。治頼は信太荘や東条荘を実質的に支配、永禄年間頃に小田氏に属した。その後、

江戸崎城の嫡流治綱と、弟で竜ヶ崎城に拠る倫胤に分裂。治綱は北条氏に従い、天正18年（1590）の小田原攻めの際に浅野長吉に敗れて落城し没落。倫胤の末裔はのちに紀伊藩士となった。

富田氏（とみた）　常陸国行方郡の国衆。桓武平氏大掾氏の庶流。麻生宗幹の二男吉幹が行方郡富田（行方市）に住んで富田兵庫助と称したのが祖。富田城に拠っていたが、天文5年（1536）昌幹は島崎利幹に従って玉造宗幹を攻めたが討死。子重幹は幼少だったため、玉造宗幹によって城を奪われた。重幹の三男幹浄の末裔は塩子村（東茨城郡城里町）で帰農したという。

長倉氏（ながくら）　常陸佐竹氏の庶流。佐竹行義の二男義綱が常陸国那珂郡長倉（常陸大宮市長倉）に住んで長倉三郎と称したのが祖。文保元年（1317）長倉城を築城し、足利尊氏に従って各地を転戦した。享禄元年（1528）からは同国新治郡柿岡村（石岡市）も支配し、文禄4年（1595）14代義興が宗家の命によって柿岡城に転じた。慶長4年（1599）義興は佐竹義宣に逆らって幽閉され、翌年死去。関ヶ原合戦後は、秋田に転じたものと、常陸に留まったものに分かれた。

行方氏（なめがた）　常陸大掾氏の庶流。吉田清幹の二男忠幹が常陸国行方郡行方郷（行方市）に住んで行方氏を称したのが祖で、一時下総国松岡荘の地頭をつとめたという。忠幹の長男景幹は小高郷（麻生町小高）に住んで小高太郎と称した。鎌倉時代中期以降の動向ははっきりしないが、島崎氏、麻生氏、玉造氏、長山氏などの庶流を分出しながら、小高氏を惣領として戦国時代まで行方郷を領し、室町時代には再び行方氏を称していた。天正19年（1591）に行方治部少輔が佐竹義宣によって謀殺されて滅亡した。

額田氏（ぬかた）　江戸氏庶流。佐竹氏庶流の額田氏の滅亡後、佐竹義憲は小野崎通重に額田城を与えて額田氏の名跡を継がせた。通重に子がなかったため、江戸通房の二男通栄が継ぎ、以後、江戸氏庶流の額田氏として代々佐竹氏に仕えた。天正16年（1588）江戸氏の家老神生右衛門が江戸氏に叛いて大部城（水戸市）から逃れて額田氏を頼った際、照通は神生氏を保護して江戸氏・佐竹氏と対立した。以後、照通は伊達氏と通じたが、同19年野上河

原合戦で佐竹義宣に敗れて落城、照通は陸奥に逃れた。慶長7年（1602）佐竹氏の出羽転封で常陸に戻り、江戸時代は水戸藩士となった。

馬場氏（ばば）　常陸大掾氏嫡流。桓武平氏。平良望（国香）が常陸大掾となって下向して筑波郡多気に土着、在庁官人として常陸国府の実権を握ったのが大掾氏の祖で、一族は常陸南部から下総北部に広がってそれぞれの地名を名字とし、当初は多気氏が一門の惣領であった。鎌倉府成立後、多気氏は八田知家と対立して所領を失い、代わって一族の馬場資幹が大掾職について、以後馬場氏が大掾氏嫡流となった。戦国時代は府中城（石岡市）に拠って佐竹氏と結んでいたが、天正10年（1582）頃からは水戸城の江戸氏と抗争を繰り広げたため、清幹は同18年の豊臣秀吉の小田原攻めに参陣できなかった。そのため佐竹義宣に攻められて自害、大掾氏は滅亡した。

春秋氏（はるあき）　常陸大掾氏庶流。立原久幹の二男繁幹が常陸国鹿島郡春秋村（鹿嶋市）に住んで春秋三郎と称したのが祖。室町時代は佐竹氏に属していたが、のち江戸氏に従い、幹勝（尾張守）は河和田城（水戸市）に拠った。天正18年（1590）江戸重通が佐竹義宣に敗れた際、幹勝の孫上野守も討たれて嫡流は滅亡した。

真壁氏（まかべ）　常陸の戦国大名。桓武平氏大掾氏の一族。承安2年（1172）多気直幹の四男長幹が真壁城（桜川市真壁町）を築城し、真壁六郎と称したのが祖。長幹は源頼朝の奥州攻めの際に八田知家に従って功をあげて鎌倉幕府の御家人となり、本家大掾氏の滅亡後も真壁郡内に庶子家を分出して勢力を広げた。応永30年（1423）慶幹のときに足利持氏に敗れて落城、持氏に属していた庶流の朝幹が家督を継いだ。朝幹は古河公方に従って真壁郡の所領を保持していた。戦国時代、氏幹は豪勇で知られ、小田氏治を小田城から追っている。その後は佐竹氏に仕え、天正18年（1590）の小田原攻めでは氏幹が佐竹義宣とともに豊臣秀吉に拝謁した。以後は佐竹氏の家臣となり、佐竹氏の秋田移封の際、氏幹は常陸に留まり、甥の房幹が角館に転じて、江戸時代は秋田藩の重臣となっている。

水谷氏（みずのや）　下総の戦国大名。藤原北家秀郷流。陸奥国磐城郡水谷（福島県）

に住んで水谷氏を称したという。氏俊のとき下野に転じて結城基光のもとで下野守護代となり、嘉吉元年（1441）の結城合戦では時氏が戦死。子勝氏は結城氏から下館城を賜って下館城に拠り、以後は「水谷」と「結城」の両方を名乗っている。以後代々結城氏の重臣として活躍。天文14年（1545）正村（蟠龍斎）は下館城を弟の勝俊に譲り、自らは久下田城（筑西市）を築いて拠った。天正4年（1576）には織田信長と結び、本能寺の変後は徳川家康に従った。豊臣秀吉の小田原攻め以降は結城氏から独立した大名として下館を領した。

山川氏（やまかわ） 結城氏一族。結城朝光の子重光が下総国結城郡山川（結城市）に住んで山川氏を称したのが祖。代々結城氏分家として本家に従った。戦国時代は結城氏とともに北条氏に属し、天正年間に晴重は結城氏とともに北条氏のもとを離れて独立。天正18年（1590）に豊臣秀吉の小田原攻めの際に秀吉に仕えて、山川2万石を安堵された。その後、結城氏の家督を徳川家康の二男秀康が継いだことから、結城氏庶流としての地位が低下し、結城氏の家臣となった。

結城氏（ゆうき・さむかわのあま） 下総の戦国大名。藤原北家秀郷流。小山政光の三男朝光は実母寒河尼が源頼朝の乳母であったことから頼朝軍に参加、志田義広を討って結城郡を与えられ、結城氏を称した。さらに奥州攻めでも活躍して、陸奥国白河荘（福島県白河市）も与えられた。室町時代、基光は小山氏に代わって下野守護となり、結城氏の全盛時代を築いた。永享10年（1438）の永享の乱では結城氏朝は足利持氏に属して敗れ、同12年持氏の遺児を擁して結城合戦を起こしたが再び敗北。嘉吉元年（1441）氏朝が自刃したのち、氏朝の子成朝は古河公方足利成氏に従って結城氏を再興した。政朝は戦国大名化への脱皮に成功して結城氏中興の祖といわれ、その子政勝の頃には北関東の有力大名にまで成長した。政勝の跡を継いだ晴朝は北条氏と上杉氏という二大勢力の狭間で衰退。しかし、いち早く豊臣秀吉に通じて、天正18年（1590）の小田原攻めでは秀吉に呼応して北条氏を攻め、豊臣政権下でも北関東の有力大名として認められた。このとき秀吉の養子となっていた徳川家康の二男秀康を養子に迎え、関ヶ原合戦後秀康は越前北ノ庄に移って松平氏と改称した。

名門 / 名家

◎中世の名族

佐竹氏
<small>さたけ</small>

常陸の戦国大名。清和源氏。源義光は兄義家を援けて常陸介となり、子義業が下向して常陸国久慈郡佐竹郷（常陸太田市）を領した。義業の子昌義は佐竹氏を名乗り、常陸北部に勢力を広げ、昌義は奥7郡（那珂東・那珂西・佐都東・佐都西・久慈東・久慈西・多珂）を領している。1180（治承4）年源頼朝が挙兵した際、佐竹隆義は京都で平氏に従っていたことから、在国の秀義は金砂山城に拠って頼朝に抗したが敗れ、奥7郡を没収された。89（文治5）年の奥州藤原氏討伐の際に秀義が頼朝に仕えて功をあげ、所領の一部を回復して御家人に列した。

南北朝時代貞義は北朝に属して、1336（建武3）年常陸守護となり奥7郡を回復。以後常陸守護を世襲した。多くの庶子家を分出して惣領制を確立、また上杉憲定の子義仁（義憲）を養子に迎えて関東管領上杉氏と結んだ。

義篤は下野の那須氏の内紛に乗じて下野国那須地方に進出、その子義昭は常陸南部の小田氏を攻めるなど、戦国大名として発展した。1567（永禄10）年義重の時には奥州南部まで勢力を広げ、子義宣は江戸氏、大掾氏を滅ぼして水戸に移り、豊臣政権下では54万石を領した。

関ヶ原合戦の際、義宣は石田三成と親交があったため西軍に属し、徳川家康の会津攻めを背後から討とうとしたが果たせず、戦後出羽久保田（秋田市）20万5000石に減転となった。

◎近世以降の名家

石川家
<small>いしかわ</small>

下館藩（筑西市）藩主。1651（慶安4）年近江膳所藩主石川忠総の二男総長が伊勢国河曲・鈴鹿両郡で1万石を分知されて伊勢神戸藩を立

藩したのが祖。総長は60（万治3）年大坂定番として河内石川・古市両郡で
1万石を加増されて2万石となる。1732（享保17）年常陸下館2万石に移る。
1884（明治17）年重之の時に子爵となる。

井上家

下妻藩主。笠間藩主井上正任の三男正長が1693（元禄6）年に美
濃国で3000石を分知されて交代寄合に列したのが祖。1712（正徳2）年1万
石に加増され、常陸下妻藩を立藩した。1884（明治17）年正巳の時子爵と
なる。

色川家

土浦城下（土浦市）の豪商。薬種業や醤油醸造業を営んだ。1825
（文政8）年に家業を継いだ三中は、傾いていた家業を再興させると、本店
を弟の美年に譲って薬種商を任せ、みずからは醤油醸造に専念する傍ら、
国学者として活躍した。その養子三郎兵衛は維新後衆議院議員をつとめた。

鹿島家

鹿島神宮大宮司。中臣姓。天照大神の命で地上に降りて国土を
平定した武甕槌神は、神武天皇東征の際に神剣フツノミタマノツルギを献
上してその東征を助けた。神武天皇は即位の年に鹿島に使いを送って武甕
槌神を祀ったのが鹿島神宮の起源であるという。大宮司は大中臣氏の一族
から選ばれていたが、やがて鹿島家の世襲となった。また、大禰宜家も鹿
島家がつとめている。

木村家

木村屋総本店創業家。宇多源氏で近江国木村の出と伝える。戦
国時代は牛久城主岡見氏の重臣であった。岡見氏滅亡は下総国相馬郡河原
代村（龍ケ崎市川原代）で帰農、市兵衛家と藤左衛門家の二家に分かれ、
藤左衛門家は代々割元名主をつとめた。幕末、市兵衛家の分家安兵衛は江
戸に出て紀伊藩や阿波藩に仕えた後、1869（明治2）年東京・芝で日本人初
のパン店を開業。74（同7）年安兵衛と二男英三郎が共同であんパンを開発、
翌年には山岡鉄舟の推挙で明治天皇にも献上、以後宮内省御用達となった。
1916（大正5）年株式会社木村屋総本店と改称した。

新庄家

常陸麻生藩（行方市）藩主。藤原北家秀郷流で今井氏の一族。
俊名の時に近江国坂田郡新庄（滋賀県米原市）に移って新庄氏を称し足利

義詮に仕えたのが祖。

直頼は豊臣秀吉・秀頼に仕えて1万3000石を領し、関ヶ原合戦では西軍に属したが、1604（慶長9）年赦されて3万300石を与えられ常陸麻生藩を立藩した。76（延宝4）年直矩が17歳で死去したためいったん無嗣断絶となったが、引退して7000石の交代寄合となっていた先代の直時が1万石で再興した。1884（明治17）年直陳の時に子爵となる。

鈴木家
水戸藩家老。紀伊国雑賀荘（和歌山市）を本拠とする雑賀党の頭領雑賀鈴木氏の末裔。雑賀党の滅亡後は豊臣秀吉に仕え、小田原攻めには鉄砲隊を指揮して参戦している。関ヶ原合戦では西軍に属して伏見城を攻め、鳥居元忠を討った。戦後は浪人したものの徳川家康に招かれ、水戸家に属した。2代重次には子がなかったことから、水戸藩主頼房の十一男重義が継いで3000石の家老となった。後600石となる。代々孫一を称する。

鈴木家
常陸国那珂郡額田（那珂市額田）で紅花長者といわれた豪商。元は久慈郡天神林（常陸太田市）の出といい、江戸時代初期に額田村で紅花を栽培して江戸・吉原に出荷し巨富を築いた。徳川光圀の養女万姫が嫁いだことでも知られる。西山荘に隠居した光圀に酒などを手配、この酒は御前酒といわれ、鈴木家も御殿と呼ばれた。

土屋家
土浦藩主。上総久留里藩主土屋忠直の二男数直は徳川家光に仕えて若年寄、老中を歴任、1669（寛文9）年土浦4万5000石に入封した。子政直は大坂城代・京都所司代を経て老中を30年余りつとめ、9万5000石に加増された。幕末、寅直は大坂城代をつとめた。寅直の跡は水戸藩主徳川斉昭の一七男挙直が継ぎ、1884（明治17）年子爵となった。

土井家
古河藩主。清和源氏土岐氏の支流というが、利昌が徳川家康に仕えた以前は不詳。利昌の子利勝には徳川家康の落胤説もある。利勝は徳川秀忠に仕えて、1602（慶長7）年下総小見川藩1万石を立藩。その後、老中、大老を歴任して、33（寛永10）年には下総古河16万石に入封した。4代利久の没後、嗣子がなかったことから、兄の利益が継いだものの7万石に半減。以後、81（天和元）年志摩鳥羽、91（元禄4）年肥前唐津を経て、1762（宝

暦12）年利里の時古河7万石に再入封、老中をつとめて1822（文政5）年8万石に加増された。84（明治17）年利与の時に子爵となる。

徳川家
とくがわ

　　　水戸藩主。御三家の一つ。徳川家康の十一男頼房が祖。1609（慶長14）年頼房が兄頼宣のいた水戸25万石に入封し、22（元和8）年28万石、1701（元禄14）年35万石となった。2代藩主光圀は「水戸黄門」として講談やテレビドラマで著名。幕末、9代藩主斉昭（烈公）は急転する政治の表舞台で活躍、七男慶喜は将軍家を継いで徳川家最後の将軍となった。また、一八男昭武は1867（慶応3）年に将軍慶喜の名代としてパリ万博に参加し、維新後兄慶篤の没後水戸家を継いだ。自転車や写真など、多趣味の人物として知られる。

　　84（明治17）年篤敬の時侯爵となり、外交官として活躍。1929（昭和4）年圀順の時に光圀生誕300年祭が行われ、その「大日本史」編纂の勲により公爵となった。圀順は日本赤十字社社長、貴族院議長などを歴任。

　　14代当主の圀斉は水戸市に彰考館博物館を創設した他、洋蘭愛好家の草分としても知られた。弟の圀禎は発明家。

中島家
なかじま

　　　新治郡下志筑村（かすみがうら市下志筑）の旧家。江戸時代は農業の傍ら金融業や酒造業を営んでいた他、山から木を切り出して薪や炭として江戸に運んで財を成した。また、志筑領主の交代寄合本堂家に御用金を提供、後に家臣として軍奉行や勘定奉行をつとめた。幕末の当主以政は戊辰戦争に際して本堂家を新政府軍に付かせることに尽力、本堂家の大名昇格に大きな役割を果たした。維新後は志筑村長をつとめる。

中山家
なかやま

　　　水戸藩付家老。武蔵七党丹党の一族加治氏の末裔。家範は北条氏照に仕え、1590（天正18）年の秀吉の小田原攻めでは氏照不在の八王子城を守ったが落城、切腹した。その子照守は徳川家康に召し出されて旗本となり、旗奉行をつとめた。家禄3000石。3代直守は大目付をつとめた。照守の弟信吉は1607（慶長12）年徳川頼房の付家老となる。その後は水戸藩家老として常陸松岡で2万石を領した。1868（明治元）年手綱藩として正式に立藩。84（同17）年信実の時男爵となった。

細川家
ほそかわ

谷田部藩（つくば市）藩主。1601（慶長6）年に細川藤孝の二男興元が下野国芳賀郡で1万石を与えられたのが祖。16（元和2）年常陸国で6200石を加増され、谷田部藩を立藩した。1871（明治4）年藩庁を茂木に移して茂木藩と改称した。84（同17）年子爵となる。

本堂家
ほんどう

常陸志筑藩（かすみがうら市）藩主。清和源氏とも和賀氏の末裔ともいう。出羽本堂城（秋田県仙北郡美郷町浪花）城主本堂氏の子孫。1590（天正18）年忠親が豊臣秀吉の小田原攻めに参加、本領の一部を削られたものの、本堂で8983石を安堵された。

関ヶ原合戦後、1601（慶長6）年新治郡志筑8500石に移って交代寄合となり、のち分知で8000石となる。

幕末、親久は1868（慶応4）年に新政府軍東征の情報を得ると直ちに家老横手信義を桑名に派遣、関東諸藩の斥候などを拝命した。この時の功によって1万110石となり常陸志筑藩を立藩した。84（明治17）年男爵となる。

牧野家
まきの

笠間藩主。越後長岡藩主牧野家の一族である牧野成貞が甲府藩主の徳川綱吉に仕えたのが祖。綱吉の将軍就任に伴って累進して1681（天和元）年側用人となり、83（同3）年下総関宿藩5万3000石に入封。以後、1705（宝永2）年三河吉田8万石、12（正徳2）年日向延岡8万石を経て、47（延享4）年貞通の時に常陸笠間8万石に転封。1884（明治17）年貞寧の時に子爵となり、貴族院議員をつとめた。

松平家
まつだいら

常陸府中藩（石岡市）藩主。水戸藩初代藩主徳川頼房の五男頼隆が、1661（寛文元）年に常陸国久慈郡で2万石を分知されたのが祖。1700（元禄13）年に2万石加増され常陸府中に陣屋を置いた。1884（明治17）年頼策の時に子爵となる。

頼策の子頼孝は博物学者として著名で膨大な鳥類コレクションを残している。長男頼則は作曲家として知られ、その子頼暁は生物学者で作曲家である。

松平家
まつだいら

常陸宍戸藩（笠間市）藩主。水戸藩初代藩主徳川頼房の七男頼

雄が、1682（天和2）年に常陸国茨城郡で1万石を与えられ宍戸に陣屋を置いたのが祖。1864（元治元）年頼徳は水戸藩内の抗争に巻き込まれ、幕府に手向ったとして自刃し所領を没収された。68（明治元）年隠居していた頼位が再興を許され、84（同17）年頼安の時に子爵となった。

水野家
みず の

結城藩主。水野忠重は徳川家康に仕えて三河刈谷で3万石を領したが、1600（慶長5）年三河国池鯉鮒宿で加賀井秀望と口論となり刺殺された。子勝成は大坂の陣後大和郡山6万石に加転、19（元和5）年には備後福山10万石に入封した。

97（元禄10）年勝種の没後、生後半年の勝岑が相続、翌年将軍綱吉に拝謁した翌日に死去していったん断絶。その後一族の勝長が能登西谷藩1万石として再興、後下総結城に転じ1万8000石に加増された。

幕末、勝知は佐幕派と恭順派が対立する中彰義隊を同道して恭順派と戦闘の末に結城城に入ったが、間もなく新政府軍に攻められて脱出、1868（明治元）年1000石減知となった。84（同17）年忠愛の時に子爵となる。

山口家
やまぐち

常陸牛久藩主。周防国吉敷郡山口（山口市）発祥で大内氏の一族。のち尾張国愛智郡星崎（愛知県名古屋市南区）に移り、重政は徳川家康に属して星崎城で1万石を与えられた。

関ヶ原合戦後、上総国で1万5000石を与えられて諸侯に列したが、1613（慶長18）年いったん除封。大坂の陣で功をあげて28（寛永5）年に再興、翌年遠江と常陸で1万5000石を領した。69（寛文9）年常陸牛久に陣屋を構えて牛久藩を立藩した。1884（明治17）年弘達の時に子爵となり、学習院教授、貴族院議員をつとめた。

山野辺家
やま の べ

水戸藩家老。出羽最上氏の庶流。室町時代は出羽国最上郡の山野辺城（山形県東村山郡山辺町）に拠って最上氏に従っていた。「山辺」とも書く。1601（慶長6）年最上義光の四男義忠が山野辺氏を継ぎ、1万6000石を知行した。22（元和8）年に最上氏が改易となると岡山藩主池田家に預けられ、33（寛永10）年水戸藩に家老として迎えられ1万石を領した。

博物館

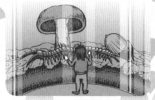

ミュージアムパーク茨城県自然博物館
〈土の中の生き物100倍ジオラマ〉

地域の特色

　関東地方の北東に位置する県で、東側は太平洋に面し、南は利根川で千葉県、埼玉県に接している。県庁所在地は水戸市。市町村は32市22町1村で、県人口はおよそ284万人（2021（令和3）年8月現在）。県面積は全国24位だが、可住地面積は全国第4位である。地形は北部から北西部は山地で、太平洋側に連なる阿武隈山地の南端部と、八溝山から加波山、筑波山に至る八溝山地などからなる。中央部から南西部は関東平野の一部である常総平野が広がり、流域面積全国1位の利根川が太平洋に注いでいる。南東部は全国第2位の面積を誇る霞ヶ浦と、北浦を中心とする水郷地帯である。県域はかつての常陸国の全域と下総国の一部からなり、江戸時代には水戸に徳川家の藩が置かれて地方における政治、経済、文化の中心として発展した。日本三名園の一つとして知られる偕楽園や鹿島神社などの文化遺産があり、また日本画の横山大観や童謡作詞家の野口雨情などでも知られる。県内には各地の歴史や文化を扱う博物館の他、研究学園都市として知られるつくば市には研究機関による展示施設が集まっている。茨城県博物館協会には65の博物館などが加盟し、情報交換やミュージアムガイドの発行などを行っている。

主な博物館

ミュージアムパーク茨城県自然博物館　坂東市大崎

　「過去に学び、現在を識り、未来を測る」を基本理念とした自然史系博物館。自然観察フィールドとして知られる菅生沼に隣接した15.8ヘクタールの広大な敷地には、本館のみならず変化に富んだ自然とそれを楽しく体験するための野外施設がある。茨城の風土に根ざした自然に関する資料を39万点以上収蔵し、調査研究と各種事業を行っている。常設展示では松花江

マンモスとヌオエロサウルスなどのシンボル展示の他、宇宙、地球、自然、生命、環境をテーマに恐竜や土の中の生き物のジオラマ、標本、映像などを駆使した総合展示、茨城の植物・動物・地学など、見応えのある内容となっている。工夫を凝らした企画展も年3回程度開催する。講座や観察会、工作や貝化石探しなどのイベント、学校などへの講師派遣や資料貸し出し、移動博物館などの学習支援活動も充実している。ボランティア活動や友の会活動も行っている。

アクアワールド茨城県大洗水族館(アクアワールド・大洗) 東茨城郡大洗町磯浜町

1952(昭和27)年に初代の「県立大洗水族館」が開業、70(昭和45)年に「海のこどもの国大洗水族館」が開館、2002(平成14)年に大幅増床して現施設をリニューアルオープンした。65の展示水槽には、大洗沖だけでなく世界中から約580種6万8千点の水族を飼育展示している。シンボルマークでもあるサメの飼育に力を入れ、その数は17(平成29)年時点で日本一の55種である。1,260トンの「出会いの海の大水槽」では約80種2万匹の水族が飼育され、ダイバーによる「アクアウォッチング」が行われている。暗黒の海ゾーンでは、郷土料理として知られるアンコウなどの深海生物を展示、世界の海ゾーンでは国内外の魚類や海鳥、海獣類が飼育されている。ミュージアムゾーンでは世界最大級のマンボウやウバザメの剥製がある。また、わが国最大のマンボウ水槽(270トン)では、過去に最多13個体を同時飼育した実績がある。オーシャンゾーンではイルカアシカショーも開催。

茨城県立歴史館 水戸市緑町

県の歴史に関する資料を扱う、博物館機能と文書館機能を併せもつ施設。広い敷地には本館の他に、移築された江戸時代の農家建築や明治時代の洋風校舎がある。歴史、美術工芸、民俗などの資料の他、古文書やマイクロフィルムなどを数多く収蔵し公開している。歴史系総合展示「茨城の歴史をさぐる」、一橋徳川家記念室や敷地内建物の他、企画展も開催している。

地質標本館 つくば市東

わが国の地質調査のナショナルセンターである産総研地質調査総合センター(GSJ)の公開施設で、国内最大級の地球科学専門のミュージアム。

産業技術総合研究所の敷地内にあり、GSJの研究成果でもある15万点を超える登録標本を有している。岩石や鉱物、化石など約2千点の標本や、はぎ取り標本、地質立体模型などを常設展示する。特別展や企画展、体験イベントなども開催している。

国立科学博物館筑波実験植物園 つくば市天久保

国立科学博物館が植物の研究を推進するために設置した植物園。同博物館の動物を除く全生物の進化多様性や系統分類を明らかにする研究を行っており、標本庫には150万点を超える標本を収蔵する。およそ14ヘクタールの敷地には日本に生育する代表的な植物、世界の熱帯や乾燥地に生育する植物、人類の生活に利用される植物、筑波山で見られる植物など7千種を超える植物が植栽され、約3千種を見ることができる。企画展やセミナー、学校などへの学習支援、職員による園案内も行っている。

日鉱記念館 日立市宮田町

1905（明治38）年に開業し81（昭和56）年に閉山した日立鉱山の跡地に、創業80周年を記念して開館したJX金属グループの博物館。敷地内には本館、旧久原本邸、電気機関車、第一竪坑などがある。本館ではJX金属グループの歴史、日立鉱山の歴史や鉱山町の暮らし、坑内の様子を再現した模擬坑道などの展示がある。木造のコンプレッサー室をそのまま使用した鉱山資料館では、コンプレッサー、さく岩機、鉱石標本などを展示している。

日立シビックセンター科学館サクリエ 日立市幸町

音楽ホールや会議室、図書館などが入った複合施設内にある科学館。日本最大級の科学体験ジャングルジム「ためしてハニカム」、「日常から科学を探る」をテーマにたくさんの体験装置で科学原理を学ぶ「たんきゅうガレージ」、プラネタリウムの「天球劇場」などがある。サイエンスショーやワークショップなども数多く開催している。

原子力科学館 那珂郡東海村村松

原子力に関する総合展示館。原子の科学や放射線について、科学者たちの足跡を追いながら紹介している。また、東京電力福島第一原発事故によ

る環境への影響や事故に関する情報を展示、団体を対象とした放射線の基礎知識に関する講演会や霧箱作成などの実験教室も開催している。

茨城県植物園・きのこ博士館　那珂市戸

植物の知識が学べる憩いの場として開園した。約600種5万本の植物があり、カエデ園、バラ園、植物造形園のほか、熱帯・亜熱帯の植物を集めた熱帯植物館などがある。きのこ博士館ではきのこや山菜、うるし、竹などの紹介、人との関わり、森林の役割までを楽しみながら学ぶことができる。

北茨城市歴史民俗資料館（野口雨情記念館）　北茨城市磯原町磯原

北茨城市生まれで日本三大童謡詩人の一人とされ、「赤い靴」などの作詞で知られる野口雨情の偉業を後世に伝える博物館。また、北茨城市の特色を示す、あるいは歴史の流れを裏付ける資料を保存展示し、郷土の歴史と文化を紹介している。

徳川ミュージアム　水戸市見川

水戸徳川家のまとまった史料が見られる唯一の博物館。徳川家康公ゆかりの名宝や、『大日本史』編纂のために全国から取り寄せた貴重な史料、古文書など約6万件の文化財を所蔵している。徳川家伝来の優品をテーマごとに展示するほか、ワークショップなども開催している。

古河歴史博物館　古河市中央町

旧古河城出城跡に1990（平成12）年に開館した博物館。常設展示では古河藩家老鷹見泉石が収集・記録した蘭学関係資料、原始古代から近現代の歴史、奥原晴湖や河鍋暁斎らの書画作品を展示する。特別展や企画展、夏の「夢あんどん夕涼み」などさまざまなイベントを行っている。

地図と測量の科学館　つくば市北郷

国土地理院本院に隣接し、地図や測量に関する歴史、原理や仕組み、新しい技術などを総合的に展示する。体験型の展示も多く楽しみながら地図と測量の姿にふれることができる。屋外の「地球ひろば」には直径22メートルの日本列島球体模型や測量用航空機「くにかぜ」なども展示している。

つくばエキスポセンター　つくば市吾妻

　1985（昭和60）年の国際科学技術博覧会にて日本政府が出展する恒久記念施設として建設され、86（昭和61）年に科学館として再オープンした。科学の原理や発見することの楽しさを提供する展示場や、世界最大級の大きさのプラネタリウムがある。屋外にはH-Ⅱロケット実物大模型などを展示している。

予科練平和記念館　稲敷郡阿見町廻戸

　予科練とは海軍飛行予科練習生の略称で、14歳半から17歳の少年を航空機搭乗員として訓練し、戦地に送り出した歴史がある。記念館では予科練の歴史や阿見町の戦史の記録を保存・展示するとともに次世代に継承し、命の尊さや平和の大切さを考えてもらう活動を行っている。

土浦市立博物館　土浦市中央

　土浦城二の丸跡にある博物館。土浦藩土屋家の刀剣・茶道具などを展示する「大名土屋家の文化」と、「霞ヶ浦に育まれた人々のくらし」を総合テーマとした土浦の歴史と文化の展示がある。季節ごとに資料を展示替えするほか、特別展なども開催している。共同で研究紀要を発行する同じ市内の考古資料館「上高津貝塚ふるさと歴史の広場」には貝塚断面の展示や復元した縄文ムラなどがあり、上高津貝塚や縄文人の生活を紹介している。

龍ケ崎市歴史民俗資料館　龍ケ崎市馴馬町

　龍ケ崎の歴史と民俗を紹介する博物館。常設展では龍ケ崎の伝統芸能「撞舞」、龍ケ崎の原始古代から近現代の歴史と民俗、昭和時代の暮らしの展示がある。屋外にも蒸気機関車、商家の店先などを再現した建物がある。企画展や収蔵品展、講座や体験学習なども数多く開催している。

名　字

〈難読名字クイズ〉
①天下井／②因泥／③海野原／
④鹿之賦／⑤加部東／⑥木田余
／⑦結解／⑧武弓／⑨田家／⑩
南指原／⑪青天目／⑫南波留／
⑬播田実／⑭二重作／⑮弓家

◆地域の特徴

　茨城県で一番多い名字は関東他県と同じ鈴木で、人口比は2.6％もあり関東地方では最も高い。とくに県北地区に多く、北茨城市では人口の1割近い圧倒的な最多名字となっている。2位以下は佐藤、小林、渡辺、高橋という北関東の標準的なパターンである。

　上位の名字では、8位に根本、17位に関、20位に野口が入るのが独特。いずれも珍しい名字ではないが、他県ではランキング上位にはあまりみられない。根本は茨城県の沿岸部分を中心に、千葉県成田市から福島県いわき市にかけての範囲に集中している。

　41位以下では、60位の小松崎、71位海老原、73位塙、75位染谷、80位菅谷、83位飛田、86位飯村、92位海老沢、93位大和田、96位綿引が茨城らしい名字。

　小松崎は全国の7割近くが茨城県にあり、石岡市とその周辺に激しく集中している。飛田は「とびた」と読む。愛知県では「ひだ」の方が多いが、

名字ランキング（上位40位）

1	鈴木	11	石川	21	飯田	31	中山
2	佐藤	12	伊藤	22	山本	32	清水
3	小林	13	菊池	23	松本	33	藤田
4	渡辺	14	田中	24	桜井	34	飯島
5	高橋	15	山口	25	中島	35	池田
6	木村	16	加藤	26	山田	36	長谷川
7	斎藤	17	関	27	青木	37	橋本
8	根本	18	宮本	28	高野	38	倉持
9	中村	19	石井	29	山崎	39	大内
10	吉田	20	野口	30	坂本	40	黒沢

茨城では96％以上が「とびた」。綿引も全国の4分の3が茨城県にあるという茨城県独特の名字で、水戸市と城里町に多い。

101位以下では、井坂、小室、寺門、市村、郡司、小野瀬、川又、会沢、大貫、助川、藤枝、樫村、鴨志田、照沼、坂入などはいかにも茨城県らしい。とくに小野瀬は全国の7割以上が茨城県在住で、常陸大宮市と大子町に集中している。寺門も全国の3分の2が茨城県にある。

● 地域による違い

茨城県は県内でも地域による名字の違いが大きい。福島県との結びつきが強い県北や、栃木と共通の名字が多い西部、利根川を挟んで千葉県と一体化している南部、ベッドタウン化の進行や筑波研究学園都市の影響で特徴の薄れている筑波・取手地区など、同じ県とは思えないほどの差がある。

水戸市を中心とした県央地区では鈴木と佐藤が多いが、ひたちなか市の飛田、磯崎、大洗町の小野瀬、旧内原町（水戸市）の谷津、大畠、旧桂村（城里町）の加藤木、岩瀬町の仁平、旧七会村（城里町）の阿久津、卜部、旧瓜連町（那珂市）の寺門、旧大宮町（常陸大宮市）の宇留野、緒川村（常陸大宮市）の長山など、旧市町村単位で独特の名字が集中している。

県北地区では鈴木が圧倒的な最多で、次いで佐藤、菊池が多い。常陸太田市に黒羽が多いほか、同市のうち旧金砂郷町に茅根、海老根、旧里美村には大金、高星が集中している。また、旧十王町（日立市）には樫村が多い。

県東南部の鹿行地区は地域によってばらばらで、平成の大合併前にあった11市町村すべてで一番多い名字が違っていた。とくに、鹿嶋市の大川、鉾田市の鬼沢、石崎、旧麻生町（行方市）の箕輪は独特。その他にも、神栖市の保立、須之内、旧牛堀町（潮来市）の鴇田、旧北浦町（行方市）の額賀など、その地域固有の名字も多い。

竜ヶ崎市を中心とした県南地区では鈴木、佐藤、高橋の3つが多い。阿見町では湯原が最多で、新利根町では沼崎、柳町といった独特の名字も多い。

筑波地区では、筑波学園都市の開発によって全国各地から多くの人が移り住んで来たことから、地域の特徴は薄れている。それでも全体的に小松崎や桜井が多いほか、旧谷和原村（つくばみらい市）の飯泉、旧千代田町（かすみがうら市）の豊崎、旧玉里村（小美玉市）の笹目、旧真壁町（桜川市）の酒寄、旧明野町（筑西市）の坂入などが独特。

北総地区は近年東京のベッドタウンとなっていることから、他県からの

流入が激しく、とくに取手市周辺では東京とあまり変わらない。それでも、染谷、石塚、倉持が特徴。また、常磐線の沿線からはずれると地域固有の名字も多くなり、八千代町の為我井、旧猿島町（坂東市）の張替、境町の金久保などが独特。

● **大掾氏と佐竹氏**

中世、茨城には大掾氏と佐竹氏という、2つの大きな武士団があった。ともに県内各地に一族が広がり、それぞれ住んでいる地名を名乗ったことから、県内にはこの2氏にルーツを持つ名字が多い。

まず栄えたのが平安時代末期の大掾氏である。大掾氏は桓武平氏の一族で、平安時代に常陸大掾（今の県知事にあたる）となって役職名の大掾を名字としたのに始まる。一族は県南部を中心に広がり、多気、馬場、鹿島、神谷、林、宮崎、中居、沼尾、中村、梶山、芹沢、武田、立原、玉造、行方など多くの名字が生まれた。当初は多気氏が嫡流だったが、のちに馬場氏が嫡流となっている。

鎌倉時代以降、県北部では佐竹氏が繁栄した。清和源氏の名門で、平安時代末期に常陸国に移って来て以来、6世紀にわたって常陸国を支配し、稲木、岡田、額田、真崎、稲本、小川、高部、長倉、大内、小瀬、山入、小場、石塚、大山、戸村、宇留野、今宮など常陸各地の地名を名字とする一族を輩出した。

関ヶ原合戦後、佐竹氏は秋田に転封となって常陸を去り、それに伴って有力家臣も秋田に移ったが、その一族は依然として茨城県の名字に大きな影響を残している。

◆ **茨城県ならではの名字**

◎ **海老原**

利根川流域に多い名字。蛇行する川の大きく湾曲している部分をエビに見立てたことによる地形由来の名字で、この付近には海老沢も多い。

◎ **小瀬**

水戸市、笠間市、常陸大宮市などに多く、常陸国那珂郡小瀬（那珂郡緒川村）がルーツ。清和源氏佐竹氏の庶流で、佐竹貞義の子義春が小瀬氏を称したのが祖。茨城県では90％以上が「おぜ」だが、他県では「こせ」と読むことが多く、全国でも「こせ」が過半数である。

◎倉持

　常陸国真壁郡倉持村（筑西市）がルーツで、現在も茨城県南西部に激しく集中している。旧岩井市（坂東市）では2位の2倍以上の最多名字となっていたほか、旧水海道市（常総市）など周辺地域にも多い。集中地域が県境を挟んでいることから茨城独特ともいいづらいが、岩井市を中心に埼玉東部・栃木南部・千葉北部に全国の6割前後が住んでいる。

◎郡司

　水戸市から笠間市や鉾田市にかけて多い郡司は職業由来の名字で、古代には郡司を務めた一族が名乗ったもの。ひたちなか市に多い軍司は、郡司から変化したものだろう。

◎国府田

　常陸国真壁郡国府田村（筑西市国府田）がルーツで現在も筑西市付近に集中している名字。この付近には「国府田」あるいは「こうだ」と読む名字が集中している。国府田は、下妻市では読み方が「こうだ」と「こくふだ」に分かれるほか、つくば市では「くにふだ」が最多で、「こうだ」や「こくふだ」もある。筑西市の旧明野町からつくば市にかけて多い古宇田、八千代町に多い幸田、桜川市の旧真壁町に多い鴻田なども同じルーツとみられる。

◎小田部

　水戸市周辺や桜川市などに集中している名字。県内では「おたべ」と「こたべ」が混在し、やや「こたべ」が多い。とくに城里町の旧桂村に集中している小田部はほぼ「こたべ」と読む。一方、茨城県以外の関東地方では、ほとんどが「おたべ」である。

◎塙

　北関東では低湿地のことを「あくつ」といったのに対し、小高い場所のことを「はなわ」と呼んだ。これに「塙」という漢字をあてたもので、全国の半数以上が茨城県にある。

◆茨城県にルーツのある名字
◎磯崎

　磯崎は県内の7割近くがひたちなか市に集中している。それも同市平磯地区に非常に多い。平磯地区の隣は阿字ヶ浦海水浴場で有名な磯崎地区で、ここをルーツとする地名由来の名字である。

◎宇留野

全国の6割以上が茨城県にあり、とくに旧大宮町（常陸大宮市）に集中している。常陸国久慈郡宇留野村（常陸大宮市宇留野）がルーツで、清和源氏佐竹氏の庶流。佐竹義俊の四男存虎が宇留野氏を称したのが祖。

◎小田

地名由来の名字で各地にルーツがあるが、常陸の小田氏がとくに有名。筑波郡小田（つくば市小田）がルーツで、藤原北家。鎌倉時代に常陸守護となり、以後戦国時代まで続いた。肥前の小田氏も一族。

◎酒寄

つくば市付近に多い酒寄も常陸国真壁郡酒依郷（桜川市真壁町酒寄）をルーツとする地名由来の名字だが、同市にある坂寄、筑西市に集中している坂入、八千代町の坂従など、漢字が変化したものも多い。

◎宍戸

常陸国茨城郡宍戸（笠間市宍戸）がルーツ。藤原北家宇都宮氏の一族で、八田知家の四男家政が宍戸氏を称したのが祖。建仁3（1203）年宍戸城を築城、常陸守護も務めた。南北朝時代は北朝に属して、南朝に属した宗家小田氏に替わって嫡流の地位を占めた。なお、南北朝時代に一族の朝家が足利尊氏に従って安芸国高田郡甲立荘（広島県安芸高田市甲田町）を賜って下向し、安芸宍戸氏の祖となっており、この末裔は長州藩家老となった。現在は宮城県南部から福島県北部に多い。

◎照沼

全国の7割以上が茨城県にあり、ひたちなか市と那珂郡東海村に激しく集中している。水戸市や日立市にも多い。ルーツは常陸国那珂郡照沼（東海村照沼）で、江戸時代に大庄屋を務めた照沼家の住宅は国指定文化財となっている。

◎結城

下総国結城郡（茨城県）をルーツとする名字。藤原北家秀郷流で、治承4（1180）年の源頼朝の挙兵に参加した小山政光の三男朝光が祖。朝光は翌養和元（1181）年に志田義広を討って下総結城を与えられ、結城氏を称した。

◆珍しい名字

◎雨谷

茨城県から栃木県南部にかけて「あまがい」と読む名字が広がっている。

一番多いのが水戸市付近の雨谷で、次いでひたちなか市と栃木県南部に多い天海。他にも水戸市やつくば市の雨貝、つくば市から土浦市にかけての天貝や雨海、日立市付近の天下井など、多くのバリエーションがある。また、桜川市の天賀谷、水戸市付近の雨ヶ谷など、「あまがや」と読む名字も多い。ルーツは同じで、いずれも「雨の降りやすい谷＝雨谷（あまがや）」だと思われる。

◎瓦吹（かわらぶき）

茨城県と福島県の県境付近の名字で、とくに北茨城市に多い。「かわら」は「河原」で、「ふき」は低湿地を意味する「ふけ」のことか。瓦葺とも書くこともある。

◎興野（きゅうの）

県北部には興野と書いて「きゅうの」という名字がある。「興」という漢字は「きょう」とは読むが、本来「きゅう」という読み方はない。この地区には弓野という名字も多いが、これも「きゅうの」である。この地区は久野も多く、「くの」から「きゅうの」となり、さらに漢字が変化したものではないだろうか。

◎白田（はくた）

白田は山形県と茨城県に多い名字で、山形県では「しらた」であるのに対して、茨城県では9割以上が「はくた」と読む。ちなみに、東京では「しらた」「しろた」「はくた」が拮抗しているが、茨城に近いことから、やや「はくた」が多い。

◎張替（はりがえ）

茨城県南部に多い「はりがえ」も漢字の種類や読み方が多い。一番多い張替は猿島町と岩井市に激しく集中しており、猿島町では第2位の名字。全国の張替さんの約3割がこの2市町に集中している。ルーツは「新しく開墾した場所」という意味の「墾（はり）が野（や）」だろう。茨城県と埼玉県の県境付近では針ヶ谷、針谷、張谷、針貝、針替など、「はりがや」「はりがえ」「はりがい」と読むいろいろなパターンの名字が集中している。ちなみに東京では針谷は「はりや」と読むのが一般的である。

〈難読名字クイズ解答〉
①あまがい／②いんでい／③うのはら／④かのう／⑤かぶと／⑥きだまり／⑦けっけ／⑧たきゅう／⑨たんげ／⑩なじわら／⑪なばため／⑫なばる／⑬はたみ／⑭ふたえさく／⑮ゆげ

II

食の文化編

米／雑穀

地域の歴史的特徴

利根川、鬼怒川、那珂川、久慈川などが流れるこの土地では、古代から稲作が行われてきた。7世紀後半には、国の制度が整えられ、高、久自、仲、新治、筑波、茨城の6国が統合し、常陸となった。

江戸時代には、水戸藩や土浦藩などの諸藩や天領が置かれた。1871（明治4）年の廃藩置県で、県内16藩はそのまま県となった。同年11月、県の統合により水戸県など6県が茨城県となり、土浦県など10県が新治県となった。茨城県という名前の由来については、①イバラ（茨）の多い地、②イは接頭語で、原の多い地、③浸食地、などの説がある。

茨城県という県名が初めて使われたことにちなんで11月13日を「茨城県民の日」と定めている。1875（明治8）年には新治県を統合し、千葉県の一部も合併して現在の茨城県の姿になった。

コメの概況

茨城県の総土地面積に対する耕地面積の比率は27.8％と、全国で最も高い。このうち、水田率は57.9％で全国平均を多少上回っている。水稲は、霞ヶ浦周辺、利根川、那珂川、鬼怒川、小貝川、久慈川などの流域で多くつくられている。

水稲の作付面積の全国シェアは4.7％で全国順位は4位、収穫量は6位で、関東一の米どころである。収穫量の多い市町村は、①稲敷市、②筑西市、③つくば市、④常総市、⑤水戸市、⑥常陸太田市、⑦つくばみらい市、⑧行方市、⑨石岡市、⑩河内町の順である。県内におけるシェアは、トップの稲敷市でも8.3％にすぎず、稲作地帯は県央から県南、県西の各地に広がっている。ただ、中山間地の多い県北のシェアは全体としては低い。

茨城県における水稲の作付比率は、うるち米97.4％、もち米2.5％、醸造用米0.1％である。作付面積の全国シェアをみると、うるち米は4.8％で

全国順位が4位、もち米は3.0％で11位、醸造用米は0.3％で山梨県、高知県、熊本県と並んで29位である。

　陸稲の作付面積の全国シェアは69.1％、収穫量は67.0％で、ともに7割近くを占め全国一である。

知っておきたいコメの品種

うるち米

（必須銘柄）あきたこまち、キヌヒカリ、コシヒカリ、チヨニシキ、つくば SD1 号、とねのめぐみ、日本晴、ひとめぼれ、ミルキークイーン、夢ごこち、ゆめひたち

（選択銘柄）あきだわら、あさひの夢、一番星、笑みの絆、エルジーシー潤、LGC ソフト、華麗舞、つくば SD2 号、とよめき、和みリゾット、ハイブリッドとうごう3号、はえぬき、はるみ、姫ごのみ、ふくまる、ほしじるし、みつひかり、萌えみのり、ゆうだい21

　うるち米の作付面積を品種別にみると、「コシヒカリ」が最も多く全体の76.5％を占め、「あきたこまち」（11.3％）、「ゆめひたち」（3.7％）がこれに続いている。これら3品種が全体の91.5％を占めている。

- **コシヒカリ**　2015（平成27）年産の1等米比率は85.2％だった。県北、県央、県南・県西とも2016（平成28）年産の「コシヒカリ」の食味ランキングは A である。
- **あきたこまち**　8月下旬から収穫できる極早生品種の早場米で、主に県南、鹿行地区で栽培されている。2015（平成27）年産の1等米比率は89.0％だった。県南産の「あきたこまち」の食味ランキングは A' である。
- **ゆめひたち**　茨城県が「チヨニシキ」と「キヌヒカリ」を交配して1997（平成9）年に育成した。2015（平成27）年産の1等米比率は72.0％だった。群馬県にも広がっている。
- **ミルキークイーン**　2015（平成27）年産の1等米比率は91.1％と高かった。

もち米

（必須銘柄）ヒメノモチ、マンゲツモチ
（選択銘柄）こがねもち

もち米の作付面積の品種別比率は「マンゲツモチ」が全体の88.0％と大宗を占め、「ヒメノモチ」（8.0％）、「ココノエモチ」（4.0％）と続いている。

醸造用米

（必須銘柄）五百万石、ひたち錦、美山錦、山田錦、若水、渡船
（選択銘柄）なし

　醸造用米の作付面積の品種別比率は「五百万石」28.7％、「ひたち錦」24.6％、「美山錦」7.9％などである。これら3品種が全体の61.2％を占めている。

- **ひたち錦**　茨城県が「岐系89号」と「月の光」を交配し、2000年に育成した。茨城県が初めて育成した酒米品種である。茨城県農業総合センターは、美山錦や山田錦に比べ、いもち病抵抗性が優れているとしている。

知っておきたい雑穀

❶小麦

　小麦の作付面積の全国順位は10位、収穫量は9位である。栽培品種は「さとのそら」などである。作付面積が広いのは①筑西市（シェア22.3％）、②桜川市（14.7％）、③下妻市（11.6％）、④常総市（9.5％）、⑤八千代町（5.8％）などである。

❷二条大麦

　二条大麦の作付面積、収穫量の全国順位はともに10位である。栽培品種は「ミカモゴールデン」などである。主産地は筑西市で、県内における作付面積の51.0％を占めている。これに桜川市（12.1％）、稲敷市（11.5％）、結城市（8.2％）と続いている。

❸六条大麦

　六条大麦の作付面積、収穫量の全国順位はともに福井県、富山県に次いで3位である。全国シェアは作付面積が12.3％、収穫量が10.5％である。栽培品種は「カシマムギ」「マサカドムギ」などである。県内各地で広く栽培されている。作付面積が広いのは①筑西市（県全体の22.7％）、②桜川市（7.6％）、③八千代町（6.6％）、④那珂市（5.0％）、⑤境町（4.4％）の順である。

❹はだか麦

　はだか麦の作付面積の全国順位は17位、収穫量は15位である。栽培品種は「キラリモチ」などである。産地は筑西市、行方市などである。

❺トウモロコシ（スイートコーン）

　トウモロコシの作付面積の全国順位は4位、収穫量は3位である。主産地は結城市、古河市、鉾田市、坂東市などである。

❻そば

　そばの作付面積の全国順位は7位、収穫量は北海道に次いで2位である。主産地は筑西市、桜川市、古河市、那珂市などである。栽培品種はすべて「常陸秋蕎麦」である。

❼大豆

　大豆の作付面積の全国順位は14位、収穫量は15位である。県内のほぼ全域で栽培している。主産地は筑西市、桜川市、つくば市、那珂市、水戸市などである。栽培品種は「納豆小粒」などである。

❽小豆

　小豆の作付面積の全国順位は17位、収穫量は12位である。主産地は大子町、常陸大宮市、常陸太田市、水戸市、笠間市などである。

コメ・雑穀関連施設

- **国立研究開発法人農業・食品産業技術総合研究機構（農研機構）中央農業総合研究センター「食と農の科学館」**（つくば市）　日本の農業や食に関連した新しい研究成果や技術を映像やパネルで紹介している。農業技術発達の歩みを学ぶため実際に使われてきた農具類も展示している。隣接するほ場の一角に作物見本園がある。
- **備前堀用水**（水戸市）　水戸市内を流れる桜川の柳堤水門から取水し、国道51号沿いに涸沼川まで流下している農業用用水路である。延長は12km。1610（慶長15）年に、初代藩主の徳川頼房公の命により伊奈備前守忠次らによって築造された。下市地区や常澄地区への農業用水の導入と、千波湖の氾濫対策が目的だった。用水名は伊奈備前守忠次に由来する。
- **穴塚大池**（土浦市）　大池は、江戸時代以前に流入する河川のない台地上に築造され、水源は今も天水だけに頼っている。下流の谷津田や台地

下に広がる水田地帯40 ha を潤す貴重な水源である。池の周りには穴塚古墳群があちこちにみられる。国指定遺跡の上高津貝塚など旧石器時代後期からの遺跡が十数カ所あり、古くから人が暮らしていたことがわかる。

- **神田池**（阿見町）　江戸時代、地元の集落民が谷津に堤を築き、周辺林からの湧水を溜めたものである。同時に、14 ha の新田を開発した。明治から大正時代にかけては、コイの養殖場として使われていた。その間も3年ごとに水門を開けて池流しを行ってきた。現在は周辺の水田の農業用水として利用されている。

- **福岡堰**（つくばみらい市）　利根川水系一級河川の小貝川下流域に位置している。1722（享保7）年に、関東郡代伊奈半十郎忠治公が新田開発と並行して築造した。何度か改修工事を行い、現在のコンクリートの堰は1971（昭和46）年に完成した。つくばみらい市、常総市、取手市の2,800 ha の水田に農業用水を供給している。小貝川と堰から流れる水路の間の堤は桜の名所になっている。

コメ・雑穀の特色ある料理

- **うな丼**（龍ケ崎市）　龍ケ崎はうな丼発祥の地である。江戸時代後期の芝居の金方（資金を出す人）だった大久保今助が、故郷の常陸太田に帰る途中の牛久沼の渡し場で蒲焼と丼めしを食べようとしたところ舟が出航した。船内ではご飯の上に蒲焼をのせ皿でふたをしておいた。対岸に着いて食べると美味だったため、今助が芝居小屋で出して広まったとされる。

- **ハマグリご飯**（鉾田市）　鹿島灘の砂底にすむハマグリは「鹿島灘ハマグリ」とよばれる。昔から鹿島灘でよくとれ、みそ汁や、塩味のうしお汁などによく使われてきた。ハマグリのむき身を食べやすい大きさに切って混ぜると、ハマグリの濃厚なだしがご飯にしっかりしみ込む。

- **枝豆とシラスのご飯**　シラスはカタクチイワシやマイワシの稚魚で、茨城県の沿岸では、主に春と秋に漁獲される。シラス干しは茨城を代表する水産加工品の一つである。漁獲した直後に活け締めし、船上処理から冷凍まで鮮度を保持するためのスピードある一連の工程が確立されている。

- **むかごごはん**　むかごは「糠子」ともいう。ヤマノイモなどの葉のつけ根にできる球状の脇芽で、食物繊維やビタミンCを多く含む。コメをといで、むかご、塩、酒、水を入れてご飯をたく。自然の素材を活用した料理である。

コメと伝統文化の例

- **鹿島の祭頭祭**（鹿嶋市）　鮮やかな衣装をまとった囃人が樫棒を組んだり、解いたりを繰り返しながら練り歩く。五穀豊穣などを願う祈年祭である。鹿島神宮境内の一斉囃は、祭頭囃と樫棒の組み合う音で盛り上がる。開催日は毎年3月9日。

- **綱火**（つくばみらい市）　綱火は、あやつり人形と、仕掛け花火を結合し、空中に張った綱を操作しながら、囃子に合わせて人形を操る伝統芸能である。常陸小張藩主・松下石見守重綱が考案し、五穀豊穣などを祈願して奉納される小張松下流と、江戸時代初頭からの高岡流の2流派が伝わっている。開催は小張松下流が毎年8月24日、高岡流が8月下旬。

- **鍬の祭り**（桜川市）　今年の豊作を祈願する大国玉神社の田遊びの神事である。社殿の前庭にサカキの小枝で神田をつくり、翁の古面をつけた神職が、サカキでつくった鍬で田を起こし田植えまでのしぐさを行う。鎌倉時代の作とされる翁の面が代々用いられている。開催日は毎年1月3日。翌日は、大サカキを先頭に、氏子らが五穀豊穣などを願って神社周辺を巡る「さやど廻り祭」が行われる。

- **嵐除祭**（常陸太田市）　嵐などの災害を防除し、穀物の成熟などを祈願するとともに、その年の吉凶を占う。まず、表面に方角と十二支を書いた護摩もちの焼け方でその方角や月々の吉凶を占い、次にコメ、クリ、大豆などを煮た中に竹筒を入れて、それぞれの作物の出来高を占う。その後、田楽舞を奉納する。開催日は毎年旧暦の正月3日。

こなもの

けんちんそば

地域の特色

　関東地方の北東部に位置し、かつての常陸国と下総国が合わさった地域である。東は太平洋に面している。この沿岸も平成23（2011）年3月11日の東日本大震災によって、建物は壊滅し、津波により流された船や家屋や壊滅した市場などが多い。東京電力の福島第1原子力発電所の崩壊や水素爆発により飛散した放射性元素は、茨城県沖の海域や海底を汚染し、漁獲物の放射性汚染のチェックは必須の条件となっている。震災以前の問題のない海域や海底に戻り、この地域で漁獲される安全・安心の魚介類が市場で流通するには、長い年月を要する。

　茨城県の沖の夏は北へ向かう黒潮に沿ってカツオが回遊し、秋は南へ寒流に沿ってサンマが回遊する。

　南部を流れる利根川の下流域は、湖沼や小さな川が多く、水郷地帯となっている。利根川は千葉県との県境になっていて、平野部では米の収穫量も多く、茨城県の銘柄米「ゆめひたち」が開発されている。大消費地の東京・横浜への食糧供給基地となっている。湖沼域では、レンコンの栽培が盛んで、火山灰地に対応した畑作も盛んである。

　関東平野の北東部に位置する筑波山は、美しい形の山である。山頂には「筑波山神社」がある。この神社には、伊邪那岐命と伊邪那美命が祀られていて、縁結び・夫婦和合の神として信仰を集めている。冬の風は筑波降ろしといわれ、冷たく強い風である。

食の歴史と文化

　茨城県で収穫されるサツマイモは、蒸かしてから薄く切って干し上げて「干し芋」となる。かつては、自家製の干し芋は子どもたちの冬のおやつであったが、近年は果物屋、スーパーなどで高級感のある包装紙に包まれ、スーパーなどで改まって買い求める食品になってしまい、自家製はみられ

なくなった。

　こなものではソバの栽培が盛んで、「常陸そば」の名で愛されている。水郷を利用したレンコンは、野菜として市場へ出荷するだけでなく、乾燥・製粉の工程を経て得られたレンコンの粉はレンコン麺にして市販されている。

　江戸時代末期には、宇治茶の技法を学んだ中山元成（明治初期の茶道家、文政元（1818）年～明治25（1892）年によって、茶の品質が高められ、「猿島茶」「奥久慈茶」「古内茶」として伝わっている。また江戸時代には、粉末コンニャクの加工法が開発され、流通するようになった。

　茨城の代表的名物の「水戸納豆」は小粒の大豆で知られているが、水戸周辺では小粒の大豆が収穫されることから開発されたものである。

　冬の有名な料理に「アンコウのどぶ汁」がある。東日本大震災による東京電力のトラブルで、底性のアンコウは入手しにくくなっている。どぶ汁は、アンコウの肝を汁の中に入れた味噌仕立ての鍋である。

　水戸周辺は、「お事汁」といい仕事始めや仕事納めに食べる料理がある。小豆と根菜類を入れたみそ汁である。

知っておきたい郷土料理

だんご・まんじゅう類

①小麦だんご

　茨城県稲敷郡桜川村（現稲敷市）の郷土料理。「あんかけだんご」の一種で「ぜんびだんご」ともいう。新小麦の収穫時期の夏から秋にかけて「おやつ」として作る。とくに、6月から7月にかけて、桜川村地方のいろいろな行事の「祇園」（祇園信仰のこと。豊作を祝い、平安を祈願する祭り）、「おしぐれ」（村役場からふれをだす半日の休みの日）、「新箸祇園」（この地方独特の行事。旧暦の6月27日の行事）、「七夕」「人形送りの日」には欠かせない食べ物である。

　小麦だんご（ぜんびだんご）は、だんごを餡の中で茹でたようなものである。小豆餡は、茹でた小豆を木綿の袋でこして溶けだした餡に砂糖を入れて煮詰める。この時、水を加えて捏ねた小麦粉を丸めただんごも一緒に入れて煮る。あんかけは、茹でただんごに醤油味のくず粉のあんをかける。

②焼もち

　茨城県東茨城郡御前山村（現 常陸大宮市）の郷土料理。夏は麦飯が腐敗しやすいので、食べ残した麦飯を「焼もち」にする。残り飯が腐敗しそうな高い気温の日は、年寄りの生活の智恵から、昼飯か夕飯の後にすぐとりかかる。作り方は、麦飯に小麦粉またはそば粉を混ぜて、水は加えないで練ると、搗きたての餅のような硬さになる。これに少量の塩か味噌をつけて、直径5〜6cmの偏平の饅頭形につくり、蒸かすか、茹でるか、囲炉裏で焼くか、油を敷いたフライパンで焼くかして食べる。

③小麦まんじゅう

　小麦粉に重曹を加えたまんじゅう生地で、小豆餡や味噌餡を包んだまんじゅうである。6月1日（「むけっついたち」）、その他の行事のときに作る。6月1日は新小麦の粉でつくる。昭和35年ほどから作られるようになり、6月1日は「衣替え」の日なので、季節の行事となっている。「むけっついたち」は茨城県の方言である。

　小豆餡や味噌餡を包んだら強火で蒸す。味噌餡は、白いんげんで作った白餡に、砂糖と味噌を入れて練り上げて作る。

④水戸の梅

　茨城の代表的銘菓は、白いんげんの餡を求肥で包み、さらに梅蜜漬けにした赤シソの葉で巻き上げた餅菓子である。白餡と梅味のシソの味のコントラストが特徴の菓子である。製造・販売元の「井熊総本家」の創業は、明治23年（1890）で、「井熊」の屋号は創業者小林熊次郎の「熊」と、修業先の「井筒屋」の「井」をとってつけたといわれている。「水戸の梅」は明治33年に生まれた菓子である。

お焼き・焼きおやつ・お好み焼き・たこ焼き類

①どら焼き

　桜川地域の小麦粉を使った焼きおやつ。小麦粉に水を加えて非常に軟らかい状態にする。フライパンなど鉄製の調理器具の底の油を薄く広げ、これに小麦粉の生地を流して焼く。食べ方は、熱いうちに砂糖醤油をつけるか、かけるかする。

麺類の特色　　久慈地方では、ソバの栽培が盛んで、良質のソバがとれる。これを水戸そばとよんでいる。

めんの郷土料理

①けんちんそば

めん料理の具にゴボウ、コンニャクを入れる茨城県の名物めん料理。野菜のゴボウ、ニンジン、サトイモ、シイタケ、タケノコ、キクラゲ、豆腐、コンニャクを食べやすい大きさに切って、ごま油で炒める。これらの具を入れ、味噌、醤油で調味したけんちん汁を、つけるか、かけるかする。そばの麺線は太めで、ゴマをすり込んだものもある。

②けんちんそば（水戸そば、久慈そば）

久慈地方で収穫したソバで手打ちそばを作る。具はダイコン・ニンジン・ゴボウ・サトイモ・コンニャク・豆腐を炒めて用意したもので、つゆは醤油・味噌で作り、手打ちそばの上にかける。

久慈地方の名物そば。水戸そば、水府そばともいう。水府地方では良質のそば粉ができる。水戸光圀が、信州からソバの種子をとり寄せて、栽培を奨励したという説がある。この地区ではけんちんうどんで食べることが多い。けんちんそば（巻織蕎麦）ともいう。

③手打ちうどん

手打ちうどんの夏の薬味は、青唐辛子の刻んだもの、刻んだシソの葉を使う。この薬味は「からみ」とよばれている。季節により煮込みうどんでも食べる。

④手打ちそば

御前山地区では、毎月1日、3日、15日、23日には、そばやうどんを打つ。薬味は、トウガラシ、薄皮みかんの乾燥したものを砕いて使う。

くだもの

地勢と気候

茨城県は関東地方の北東に位置し、東は太平洋に臨み、北は福島県、南は利根川を挟んで千葉県と埼玉県に接している。北部から北西部にかけては久慈山地や八溝山地が連なり、久慈川、那珂川、鬼怒川などが流れている。東部は延長190kmに及ぶ海岸線が延びている。県中央部から南部、西部にかけて肥沃な平地が広がっている。南東部は、琵琶湖に次いで大きい霞ヶ浦や、北浦を中心に水郷地帯を形成している。

茨城県は太平洋側の気候であり、全体として冬季は少雨で乾燥し、冬型の気圧配置が強まると空っ風が吹く。春、秋は移動性高気圧、夏は太平洋高気圧に覆われると快晴の日が続く。降水量は沿岸部は多めで、内陸部は少なめである。

知っておきたい果物

メロン メロンの作付面積、収穫量の全国順位はともに1位である。栽培品種は「アンデスメロン」「クインシーメロン」「タカミメロン」「アールスメロン」「オトメメロン」などである。主産地は鉾田市を中心に、八千代町、茨城町、鹿嶋市などである。出荷時期は「アンデスメロン」が4月上旬〜7月上旬、「クインシーメロン」が4月中旬〜7月下旬、「タカミメロン」が6月上旬〜7月下旬、「アールスメロン」が7月上旬〜11月下旬、「プリンスメロン」が4月下旬〜6月下旬頃である。

八千代町では「タカミメロン」など、阿見町では「阿見グリーンメロン」などを出荷している。

クリ クリの栽培面積、収穫量の全国順位はともに1位である。主産地は笠間市、かすみがうら市、石岡市、茨城町などである。出荷時期は8月下旬〜12月下旬頃である。

零度で1か月程度貯蔵することで、でんぷんが糖化し、甘味の増した貯

蔵グリも出荷されている。冷蔵貯蔵グリの「極み」は品種とサイズを厳選したブランドクリである。茨城町は、クリの栽培面積が広く、「飯沼のクリ」として知られる。

かすみがうら市の「志士庫栗」は70年以上の歴史を誇る。志士庫園芸農協は「筑波」「石鎚」の4Lサイズ以上のものを選んで、登録商標である「太陽のめぐみサンマロン」のブランドで出荷している。

日本ナシ　日本ナシの栽培面積、収穫量の全国順位はともに千葉県に次いで2位である。栽培品種は「幸水」「豊水」「新高」「あきづき」を中心に、茨城県オリジナル品種の「恵水」などである。主産地は筑西市、かすみがうら市、石岡市、下妻市、八千代町、土浦市などである。出荷時期は7月上旬～11月上旬頃である。

下妻市では、樹上で完熟させた「幸水」を「下妻産甘熟幸水梨」として、秋に収穫した「豊水」を12月頃まで低温貯蔵し「下妻産貯蔵梨」としてそれぞれ出荷している。

スイカ　スイカの作付面積の全国順位は6位、収穫量は7位である。主産地は筑西市、桜川市、牛久市、阿見町、常総市、下妻市などである。出荷時期は小玉スイカが3月上旬～9月下旬、大玉が5月上旬～7月下旬と8月中旬～11月上旬頃である。桜川市では黒小玉スイカ「誘惑のひとみ」など、阿見町では大玉の「紅大」などを生産している。

カッパをシンボルにしている牛久市では1950（昭和25）年代からスイカの栽培を始めている。「牛久河童西瓜」は1986（昭和61）年に茨城県の青果物銘柄推進産地の指定を受けている。JA竜ケ崎は年間8万個を東京市場などに出荷している。

イチゴ　イチゴの作付面積の全国順位は7位、収穫量は8位である。生産品種は「とちおとめ」を主力に、オリジナル品種の「いばらキッス」などである。主産地は鉾田市、行方市、筑西市、かすみがうら市などである。出荷時期は10月下旬～6月上旬頃である。

ブルーベリー　ブルーベリーの栽培面積、収穫量の全国順位はともに3位である。主産地はかすみがうら市、つくば市、小美玉市などである。出荷時期は6月中旬～9月中旬頃である。

ウメ　ウメの栽培面積の全国順位は、和歌山県、群馬県に次いで3位である。収穫量の全国順位は11位である。主産地は水戸市、笠間市、

かすみがうら市、石岡市などである。

リンゴ

リンゴの栽培面積、収穫量の全国順位はともに12位である。栽培品種は「ふじ」「つがる」「こうとく」などである。主産地は大子町、常陸太田市、常陸大宮市などである。出荷時期は8月中旬〜12月下旬頃である。

県北西部で袋田の滝のある大子町は昼夜の寒暖差が大きく、リンゴ畑はなだらかな傾斜地に広がっている。大子のリンゴは「奥久慈りんご」とよばれる。

キウイ

キウイの栽培面積の全国順位は12位、収穫量は13位である。主産地は石岡市、かすみがうら市、結城市などである。

カキ

カキの栽培面積の全国順位は15位、収穫量は14位である。栽培品種は「富有」などである。主産地は石岡市、かすみがうら市、小美玉市などである。出荷時期は9月上旬〜12月中旬頃である。

石岡市八郷地域でカキの栽培が始まったのは昭和初期である。八郷産の「富有柿」は「八郷富有柿」として出荷されている。出荷時期は11月〜12月頃である。

ブドウ

ブドウの栽培面積の全国順位は15位、収穫量は16位である。栽培品種は「巨峰」を中心に、「ロザリオ・ビアンコ」「シャインマスカット」などである。主産地は常陸太田市、石岡市、かすみがうら市などである。出荷時期は7月上旬〜11月中旬頃である。

「常陸青龍」は常陸太田の地域オリジナル品種である。本多勇吉が「巨峰」の自然交雑実生を繰り返し、1978（昭和53）年に初結実した黄緑色のブドウである。孫の本多技研氏が常陸太田のブランドにしたいという思いで、2004（平成16）年に品種登録した。糖度は20〜21度である。

ギンナン

ギンナンの栽培面積、収穫量の全国順位はともに8位である。主産地は石岡市、茨城町などである。

西洋ナシ

西洋ナシの栽培面積の全国順位は福島県と並んで16位である。収穫量の全国順位は15位である。

イチジク

イチジクの栽培面積の全国順位は24位、収穫量は17位である。主産地は河内町、稲敷市、美浦村などである。出荷時期は8月上旬〜11月上旬頃である。

ユズ ユズの栽培面積の全国順位は20位、収穫量は18位である。主産地は常陸大宮市、桜川市などである。

ミカン ミカンの栽培面積の全国順位は東京都と並んで29位である。収穫量の全国順位は27位である。主産地は桜川市、つくば市などである。

つくば市、桜川市など筑波山地域では、冬季に霜が少なく、日当たりの良い山の斜面を利用してミカンの栽培が盛んだ。桜川市真壁町のミカンは地区名から「酒寄みかん」とよばれる。酒寄地区では、収穫時期の10月下旬〜12月上旬頃にミカン狩りを楽しめる。

つくば市、桜川市で産出する「福来みかん」は直径 3 cm 前後と小さく、酸味が強い。常陸風土記に「不老長寿のかぐの実」と記述され、江戸時代から陳皮が漢方薬に使われた。現在は七味トウガラシや、冷凍保存してラーメンの材料に使われている。

地元が提案する食べ方の例

栗プリン（笠間市ヘルスリーダーの会）

ゆでたクリ、牛乳、砂糖をミキサーで混ぜて加熱し、ふやかした粉ゼラチンとさらに混ぜる。粗熱が取れたら冷蔵庫で約 3 時間冷やし、固める。好みでクリをトッピング。

ストロベリーババロア（JA みと）

熱湯でババロアの素を入れ、かき混ぜてよく溶かし、冷たい牛乳を入れ泡立てる。型に流し約 2 時間冷やした後、皿に盛り、フルーツソースをかけ、イチゴでトッピングする。

フルーツ・ヨーグルト・ゼリー（東海村保健センター）

ヨーグルト、牛乳、缶詰シロップ、粉ゼラチンを溶かしたものをボウルに入れて混ぜ、カットした桃を入れた器に流し込む。冷蔵庫で冷やして、固める。

アセロラ泡ゼリー（つくば市）

砂糖、水、ゼラチンを火にかけて溶かし、アセロラジュースを加える。ブドウを器に入れ、この液の2/3を注ぐ。残りの液は全体が泡になるまで泡立て、その上にのせ冷やす。

りんごきんとん（つくば市）

　あく抜きしたサツマイモをクチナシの実の皮を砕いて一緒にゆで、熱い
うちに裏ごしする。調味料を加えて練り上げ、シャキシャキ感が残る程度
に煮た薄切りのリンゴと混ぜ合わせる。

消費者向け取り組み

- 偕楽園の梅祭り　水戸市、100種、3,000本のウメの木。6月のウメ落と
  しでは10トンのウメを収穫。
- かさま新栗まつり　笠間市、10月上旬の週末。生クリの販売も。

魚 食

地域の特性

　茨城県北部の常陸海岸は、海岸線には砂浜があるが山が海岸線近くまで迫ってくるところもある。海岸沿いには閑静の大小の漁港が多く存在する。千葉県犬吠崎から茨城県大洗岬にわたる沖合とその海は鹿島灘といわれる。沖合の海域は、黒潮と親潮の潮境で波は荒いが、好漁場である。鹿島灘は、一部を除いては砂浜の海岸である。鹿島灘で漁獲した魚介類は、北茨城、那珂湊、大洗、波崎などの漁港に水揚げされる。とくに、大洗・那珂湊の魚市場には、観光市場の要素もあり、県内の内陸部や関東各地から新鮮な魚介類を求めて、多くの人々が集まる。茨城県の久慈川や利根川からは、魚介類のための栄養分を注いでいるので、利根川の河口は貝類などの生育に好条件となっている。かつては、那珂川や利根川、利根川の上流の鬼怒川までサケ・マスが遡上していた。地球温暖化や河川の汚染、ダム建設による上流の地形の変化によって、サケやマスの遡上がみられなくなった。

　利根川下流域にある海跡湖の霞ヶ浦は、淡水魚の宝庫であり、冬の帆引き網によるワカサギ漁はこの地方の風物詩となっている。現在は外来魚が放流されたために、在来種が消えつつある。自動給餌によりコイの養殖が行われているが、水質の汚濁がひどくなっている。

魚食の歴史と文化

　茨城県は、水の豊かな広い平野に恵まれた常陸国の人々は、古くから安定した生活を送っていた。北茨城・那珂湊・大洗・鹿島灘では海産魚の郷土料理が多く、霞ヶ浦を周辺とするところでは、淡水魚の郷土料理が多い。

　歴史的には、鹿島の生まれの藤原鎌足と鹿島神宮のつながりは密接であったという一説がある。戦国時代には源氏の流れをひく佐竹曙山（江戸中期の洋画家、秋田藩主）が常陸国をほぼ統一した。江戸時代に始まり徳川御三家の一つとして重んぜられた水戸藩の手で水戸学の上に立つ常陸独自

の文化が築かれた。徳川光圀は食べ物に造詣が深かったらしく、水戸のアンコウ鍋を食べていたとの話もある。江戸時代の那珂湊は、水戸藩の外港であり、台所であった（現在は「ひたちなか市」となっている）。那珂湊は、江戸への東回りの要所であったので、豪商が集まり、かれらにより水戸城下を活気づけていたという。江戸時代から、那珂湊の住民は、魚を誇りとして生活していたので、現在も那珂湊魚市場が盛況なのであろう。大洗にアワビは、景行天皇（第12代天皇、大足彦忍代別尊<ruby>大足彦忍代別尊<rt>おおたらしひこ おしろわけのみこと</rt></ruby>）が東国の蝦夷平定の折に賞味したという説もある。

　昔から、茨城県と江戸や近隣の地域とを結ぶ重要な水路であった。古代の利根川は、現在の埼玉県北東部や東部を経て江戸湾（東京湾）に流れ込んでいたといわれている。利根川が現在のような形になっていくきっかけは、徳川家康が江戸に入府したことに始まった。1590年（天正18）に、江戸に入府した徳川家康は、江戸に流れ込む利根川が水害の原因となっていることから、利根川のバイパスをつくらせたのである。利根川の支流では明治時代以降でもたくさんの水害が起こっている。昭和期になっても、利根川流域の県は水害を防止するための支流での工事が続いていた。利根川は関東地方の古名の「坂東」にある大河であることから「坂東太郎」の異名がある。利根川で獲れる天然ウナギを「坂東太郎」という愛称をつけている人もいる。

知っておきたい伝統食品と郷土料理

地域の魚介類
春から夏には、北茨城地方ではウニが獲れ、福島県のいわき市と同じようにホッキガイの貝殻に詰めて蒸し焼きする貝焼きが出回る。春から夏にかけてホッキガイも美味しくなる。また、コウナゴ漁の最盛期となる。コウナゴは佃煮の材料として国内に出荷される。初夏になると、鹿島灘にはカツオやシビマグロが姿を見せる。夏にはゴマサバ、秋にはマサバ、サンマが漁獲される。北茨城から大洗にかけては、冬から早春にかけては底性の魚のアンコウ漁で賑わう。ヒラメの漁獲量も多くなる。

　淡水魚としては、利根川の上流ではイワナ・ヤマメ・カジカ・ウグイ・アユなど、中流部では、オイカワ・シマドジョウ・ソウギョ・ハクレン・コクレン・タナゴ・ホンモロコなど、下流にはマハゼ・スズキが生息して

いる。

　霞ヶ浦には、ワカサギ・コイ・ギンブナ・ヘラブナ・オイカワ・カワエビ・ハクレン・ブルーギル・ブラックバス・ボラ・スズキ・アメリカナマズ・オオタナゴなどが棲む。

伝統食品・郷土料理

①アンコウ料理

- あんこう鍋　天井からアンコウを吊るし、解体する。アンコウの7つ道具（皮・ヤナギ（ほほ肉）・エラ・水袋（胃）・肝臓・正身・ヒモ（腸））に分ける。このほかにダイコン、ニンジン・ウド・焼き豆腐などを入れて、味噌仕立てか割り下で食べる。肝臓を鍋の中で乾煎りして味噌仕立てる「どぶ汁」もある。
- とも和え　アンコウの肝を茹でて、酢・味噌・砂糖で調味しながら粘りを出す。アンコウの肝以外の部位を茹でて、食べやすい大きさに切ったものは、この酢味噌のタレをつけて食べる。
- 切り干しダイコンとの煮つけ　アンコウの肝を入れた汁に、水で戻した切り干しダイコン、肝臓以外の部位を細かく切りゆがいたものなどを、一緒にして煮つける。味付け醤油または味噌仕立てで調整する。

②おおば焼きがぜ

　ウニの生殖巣をホッキガイの殻に詰めて浜焼きしたもの。焼きあがったら醤油と酒を少しかけて賞味する。

③ホッキガイ料理

　春から夏にかけて獲れるホッキガイは、生食、塩焼き、醤油につけて焼くなど食べ方がある。生か軽く湯通ししたものを薄く切り、すしダネもよい。甘味はグリシンやベタインなどのアミノ酸による。

④アワビ料理

- 生食　刺身や水貝
- 塩焼き　小形のものは塩焼きにし、殻からはずしてワサビで賞味する。
- 蒸しあわび　殻つきのまま蒸す。生よりも軟らかく、うま味も増す。

⑤カツオ料理

- 生食　刺身、たたきなど。
- 内臓　主に幽門垂を塩辛にする。細かく刻んだ腸を入れる。

⑥**メジマグロ料理**（シビマグロの稚魚）

● 刺身　さっぱりした味である。

● 塩辛　内臓は塩辛にする。カツオの塩辛より美味しい。

⑦**サバ料理**（秋はマサバ、夏はゴマサバ）

● 一般的料理　締めさば、味噌煮、塩焼き等がある。

● 浜焼き　サバの頭から尾に向けて串をさし、浜辺で焼く。

● 干物　豊漁のときは、塩をして生干し、または天日干しをする。

⑧**さか食い**

　生のサケの粗身を包丁でたたき、味噌を混ぜて団子とする。ハクサイを加えて煮込み、味噌味とし、熱々のものを食べる。

⑨**淡水魚の料理**

● フナの甘露煮　フナは甘露煮にし、来客や祝いのときに提供する。

● ワカサギのいかだ焼き　霞ヶ浦の名物で、ワカサギを7～8尾頭をそろえて横に2本の串を刺して固定して、素焼いたもの。「いかだ(筏)焼き」は「小魚の乾燥品を調味してから強く乾燥する［儀助煮］」に分類されている。儀助煮は、明治の中頃に福岡県の宮野儀助によって、つくだ煮の腐敗防止の方法として考えられた小魚の調味乾燥品の一種である。

● ワカサギの佃煮　霞ヶ浦の北浦湖岸地域の名物。ワカサギを砂糖・醤油・みりんなどの調味料で煮詰めて作ったもの。加熱により香ばしさと光沢が発現する。

● 塩煮干　ワカサギやシラウオを新鮮なうちに塩茹でし、干しあげる。

● ウナギ料理（坂東太郎）　利根川では天然のウナギも養殖のウナギも獲れる。天然ウナギの蒲焼きは関東地方の利根川の古い呼び名を使い坂東太郎のウナギで有名である。

● フナ料理　フナ身をたたき、つみれのように形どり、澄まし汁で仕立てたもの。白ヌタやダイコンとのなますもある。

肉　食

イノシシ鍋

▼水戸市の1世帯当たりの食肉購入量の変化（g）

年度	生鮮肉	牛肉	豚肉	鶏肉	その他の肉
2001	36,251	4,483	17,822	10,604	1,069
2006	31,567	3,657	16,010	10,127	1,092
2011	31,971	3,586	17,090	10,321	1,098

　茨城県は、関東地区北部に位置し、東側は太平洋に面し、約180kmに及ぶ美しい海岸線をもつ。北部には東北地方から繋がっている阿武隈山脈の南端で、常陸台地がある。南側に位置する利根川は千葉県との県境になっている。利根川の上流は栃木県へと繋がっている。西部に位置する筑波山は風土記や万葉集に詠まれる山としても知られている。筑波山は、農業の神として信仰登山される山でもあった。肥沃な大地と海や山、川など、豊かな自然と周年比較的温暖な気候に恵まれている大地では、四季折々に豊富な食材が育まれてきた。最近は、東京、神奈川の住民の中で、安全な農作物を作るために、耕作地を求めて移り住んだ人、定期的に通う人も多くみられる。また、研究都市として開発されたつくば市を擁しているので、品種改良、農作物の栽培、家畜の肥育について研究開発施設があることが、野菜や家畜の品質の改善に重要な施設であった。

　茨城県は、漁港が多いので水産物の利用も多く、魚介類の郷土料理は多い。1832（天保3）年2月に、徳川斉昭公が現在の水戸市見川町に桜野牧を設けて黒牛を飼育したと伝えられている。1965（昭和40）年には、ブタの生産額は、全国第2位の一大豚肉産地となっている。

　2001年度、2006年度および2011年度の生鮮肉に対する牛肉の購入量の割合は11〜12％、豚肉の割合は49〜53％、鶏肉は29〜32％である。3％前後の「その他の肉」の購入は、マトンやイノシシなどと考えられるが、家庭よりも料理店の購入と思われる。

　茨城県は、東北の福島県に隣接しているためか、銘柄牛の常陸牛は有名であるが、おそらく販売域は大消費地の東京を中心とし、県民は豚肉を利

凡例　生鮮肉、牛肉、豚肉、鶏肉の購入量の出所は総理府発行の「家計調査」による　　75

用していると推定している。

知っておきたい牛肉と郷土料理

銘柄牛の種類

紬牛、常陸牛、山方牛、花園牛、筑波牛、紫峰牛、つくば山麓飯村牛などがある。

茨城県の肉用牛の歴史は1832（天保3）年の12月に、徳川斉昭公が現在の水戸市見川町に桜野牧を設けて黒牛を飼育していたと伝えられている。

❶常陸牛

常陸牛は茨城県の指定された生産農家が飼育した黒毛和牛のうち、日本食肉格付協会枝肉取引規格のうち、歩留等級がAまたはBで、肉質等級が4以上のものである。子牛の育成期には運動を十分に行い骨格をつくり上げ、飼育後半には運動をし過ぎないように1頭または数頭ずつに分けて管理、肥育している。餌には豊かな茨城県の穀物を利用し、茨城県常陸地方（沿岸部）の温暖な環境の中で肥育している。良質な霜降り肉で、すき焼き、ステーキ、しゃぶしゃぶには茨城県だけでなく、福島県も東京都区内でも利用している店がある。日立、高萩、奥久慈の常陸牛のステーキは人気である。

茨城県常陸牛振興協会のホームページによると、1832（天保3）年12月に、徳川斉昭が現在の水戸市見川町に桜野牧場を設け、黒牛を飼育した。それから144年後の1976（昭和51）年7月に茨城県産牛銘柄確立推進協議会が発足し茨城県の優秀な黒毛和種を「常陸牛」と命名した。常陸牛には、「常陸牛」である証として「産地証明書」も発行されているので、茨城県ばかりでなく、東京や横浜での食肉市場で信用のある牛肉である。

茨城県内にある常陸牛を提供する店では、ステーキを薦める店が多い。グルメサイト「食べログ」では、ステーキを提供する店が28件ある。

茨城県常陸牛振興協会が薦めている常陸牛の部位別料理について、下記のような例をあげている。

〔ロース、サーロイン、ヒレ〕ステーキ、ロースト、しゃぶしゃぶ、焼肉、すき焼きなどほとんどの牛肉料理に似ている。

〔首・スネ〕硬い部分なので、煮込み料理（シチュー、ポトフ、カレーなど）に適している。

〔バラ肉〕三枚肉など脂肪は多いが風味豊か。焼肉、炒め物、角煮など

に適している。

〔もも肉〕赤身が主体。脂肪が少なくたんぱく質を多く含む。ステーキ、焼肉、煮込み料理に向いている。

❷紫峰牛（筑波山麓 紫峰牛ともいう）

品種は黒毛和種。「紫峰」の名の由来は、筑波山が夕日の光加減によって紫色に光って見えることを「紫峰」とよんだことにある。肉質は赤身肉はきめ細かく、脂肪組織はしっとりし、サシが細かく色がよいのが特徴。炭火焼で食べるのが美味しい。

❸紬 牛

茨城県西地域でやや肥育期間を長めにした黒毛和種で、枝肉の格付けがA-3〜5、B-3〜5のもの。つくば牛はホルスタインと黒毛和種の交雑種で、格付けはB-3以上。つくば山麓・飯村牛は黒毛和種で格付け等級がA、B-4以上である。

知っておきたい豚肉と郷土料理

銘柄豚 茨城県の銘柄豚肉は、ブタの品種や飼料、飼育法などいろいろな方面で安全性やおいしさにこだわって生産している。地域や生産者によって飼育法、飼料は工夫され、地域や生産者によって特色あるブタが生産されている。茨城県の養豚業は、温暖な気候に恵まれた自然環境であり、日本国内の食料基地の一翼を担う産業として発達してきた。平成22年度のブタの産出額は全国第2位の規模である。それは、銘柄豚の種類の多いことからも推察できる。銘柄豚には次のような種類がある。

キングポーク、はじめちゃんポーク、山西牧場、ローズポーク、奥久慈バイオポーク、美味豚、いばらき地養豚、岩井愛情豚、かくま牧場の稲穂豚、キング宝食、霜ふりハーブ、シルクポーク、ひたち絹豚、美明豚、撫豚、まごころ豚、味麗豚、弓豚、和之家豚など。

❶ローズポーク

「育てる人」「育てる豚」「育てる飼料」を指定して生産した銘柄豚である。茨城県が、長年かけて開発した系統豚である。2002年の全国銘柄食肉コンテストで優秀な銘柄豚と認定されている。肉質は弾力があり、きめ細かいのが特徴である。赤肉は締まりがあり、良質、脂肪は光沢があり、甘味があり軟らかい。

❷キングポーク

　食べて美味しく、肉質はきめ細かく美しい。脂肪は白色で適度に存在している。口の中ではとろけるような風味がある。

❸いばらき地養豚

　環境対策に取り組み、病原菌や抗生物質残留検査をクリアした指定の農場で、子豚から肥育豚まで一貫して生産飼育された銘柄豚で、いばらき地養豚専用の飼料を開発して与えている。とくに、海藻、ヨモギ、木酢精製液、ゼオライトなどを飼料に混ぜ、健康なブタに肥育している。肉質はつやがあり、弾力性に富み、甘味が強くコクがある。

❹美味豚（びみとん）

　配合飼料に20種類以上の天然素材（乳酸菌・ビフィズス菌・納豆菌・海藻・パイナップル粉末・ウコン・酒粕など）をバランスよく与え生産されたブタ。肉質は軟らかく、歯切れがよい。甘味とコクがある。

❺梅山豚（めいしゃんとん）

　典型的な脂肪型中国豚で、日本ではそれほど多くの頭数は肥育されていない。肉質は良好。日本国内での飼育数は約100頭で、そのほとんどは茨城県内の原塚牧場で肥育。日本国内に流通している三元豚よりも豊かな味と上質な脂身をもつ。霜降りの存在の度合いは高く、軟らかい肉質。肉汁が美味しい。

❻蓮根豚

　茨城県は蓮根の栽培量は全国中でも1、2位である。その蓮根を飼料に利用したのが蓮根豚である。研究開発の結果、出荷45日前から飼料に蓮根を15％を混ぜた餌を給与し、飼育している。

豚肉料理　一般に作るトンカツ、カレーの具、肉じゃがの具、炒め物、網焼き、生姜焼き、焼き鳥などの他、白くて甘味のある脂肪を活かしたしゃぶしゃぶが美味しい。ホルモンは串に刺して塩味で焼くところが多い。

● **茨城県の餃子**　地域により独特の作り方がある。

　水戸・赤塚・常陸青柳：「赤だるま」という店は、皿に餃子を円形に並べる。

　古河「ドミニカ」：手打ちの餃子で、幻の餃子といわれている。

　つくば：「餃子どん」は大きな手作りの餃子に小田米の麦とろが付く。

古河「餃子の丸萬」（東口店）：ふっくら、もちっと、ジューシー。（本店）
　七福カレーつけ麺と餃子のセット。

守谷：「餃子処　もりや」コラーゲン餃子。

水戸：「餃子の福来」餃子と担々麺。

鹿島神宮：「次男坊」餃子定食。

その他、水餃子やランチ餃子などの店がある。

● **ツェッペリンカレー**　土浦市のご当地グルメ。1929（昭和4）年に、土浦に飛来した当時の世界最大級の飛行船「ツェッペリン号」の乗組員に、土浦の食材で作ったカレーを振舞って歓迎したという歴史に基づき、カレーによる街興しや食育を展開している。市内の30余りの店舗が「土浦カレー物語事業部」から認定されている。生産量日本一の特産品のレンコンや、地元の銘柄豚のローズポークや新鮮な野菜を使い、各お店が工夫している。鯛焼きや餃子、どら焼きなどもある。また、地元の高校生が作ったレシピも認定されている。

知っておきたい鶏肉と郷土料理

❶奥久慈しゃも

　ブロイラーや養鶏の肉が流通している中、茨城県の地鶏として有名なのが「奥久慈しゃも」の肉である。肉質は引き締まり、脂肪含有量はそれほど多くなく、低カロリーの肉として評判である。ブロイラーの飼育期間はおよそ50日だが、「奥久慈しゃも」は約120日の飼育期間と長い。そのあいだに、締まった肉質がつくりあげられている。

鶏料理　焼き鳥、串焼きなどが多い。日立、高萩、奥久慈の奥久慈しゃもを使った「親子丼」が美味しいので、高く評価されている。

● 法度汁　シャモ肉を使った「すいとん」のようなものである。小麦粉を練って団子状にし、味噌仕立ての汁に野菜や鶏肉などと一緒に入れて煮込んだもの。水戸黄門があまりの美味しさからご法度にしたという伝説もある（「法度」は仏教の教えで「禁令」「おきて」の意味がある→御法度（禁令の意味））。奥久慈だけでなく、茨城県のその他の地域や栃木県でも法度汁を食べるところがあるが、地域によっては鶏肉を使わないところもある。

知っておきたいその他の肉と郷土料理・ジビエ料理

　東北から続いている阿武隈山脈や筑波山などの高地が多く、イノシシが棲息し、山林に餌がないと民家のあるところまで近づき、農作物を荒らしたり家庭のごみを散らしたりするので、生息数の調整ために捕獲を行っている。このときのイノシシ肉が流通する場合もあるが、狩猟の専門家が「マタギ料理」として食べる場合が多い。

- **イノシシ料理**　「食べログ」によるとイノシシ肉を提供する店が79軒もある。市街地よりも山間部のほうにある。古河地区にはイノシシ肉をラーメンに入れているところもある。石岡市八郷には、名物「イノシシ料理」を提供する店がある。同時にしゃも鍋も提供してくれる。一般に、イノシシ鍋は味噌仕立てにしたものが多い。味噌仕立てにすることは、肉の臭みを緩和させるのによい。味噌のコロイドが臭み成分を包み、味噌の匂いでマスキングするからである。

- **牡丹鍋**　茨城県は筑波山や阿武隈山脈の一部があるため、イノシシが生育されている。つくば、土浦、牛久などの筑波山に近い地域では、環境保全のために捕獲したイノシシは「シシ鍋」（牡丹鍋）にして提供する店がある。猟師の捕獲したイノシシを生食する人もいるらしいが、寄生虫による疾患にかかるので、決して生食をしてはならない。

- **雉肉**　猟師は野生のキジを入手することができるらしい。なぜなら、キジが送られてきたという情報を聞いたことがあったからである。専門家によって衛生的な処理をし、「雉鍋」など加熱して食べるのがよい。

地　鶏

▼水戸市 1 世帯当たり年間鶏肉・鶏卵購入量

種　類	生鮮肉 (g)	鶏肉 (g)	やきとり (円)	鶏卵 (g)
2000 年	37,524	10,781	2,828	29,718
2005 年	33,689	9,500	2,138	27,101
2010 年	39,699	12,926	2,476	28,608

　矢野恒太記念会編集・発行『日本国勢図会』(2013/2014) によると、関東地方での畜肉の飼育数は、群馬県は乳用牛が全国 5 位 (2011 年が 39 万頭、2012 年が 39 万頭)、豚の飼育数全国 4 位 (2011 年が 61.0 万頭、2012 年が 63 万頭)、肉用若鶏の関東地方での飼育数は全国 5 位内には入らないが、採卵用鶏は茨城県が 1 位 (2011 年が 1,312 万羽、2012 年が 1,253 万羽)、隣接する千葉県は 2 位 (2011 年が 1,275 万羽、2012 年が 1,190 万羽) である。関東地方は鶏卵の産業が全国で 1、2 位の県を有していることになる。関東地方も京浜葉地区も鶏肉の年間購入量は 10,000g 台であり、鶏卵の購入量は関東地方も京浜葉地区も 2000 年は 30,000g 台であったが、2005 年、2010 年には 28,000g 台に減少している。

　2005 年の 1 世帯当たりの年間の鶏肉の購入量は、2000 年と 2010 年のそれに比べると減少しているのは、全国の購入量と同じ傾向である。

　茨城県の採卵用鶏の飼育数は全国 1 位であるが、県庁所在地水戸市の 1 世帯当たりの年間鶏卵購入量は、2000 年は 29,718g であったが、2010 年は 28,608g と少なくなっている。鶏卵の需要は 10 年前に比べるとやや減少していると考えられる。鶏卵は、安いコストで優れた栄養成分であり、いろいろな料理に利用できるので毎日 1 個は必ず食べることが望まれている。

　市販のやきとりの購入は少ないが、居酒屋や大衆的な料理店で利用する機会は多いはずである。1 世帯の購入価格からは年間 10 本程度の串焼きを食べていると推定できる。男性成人が、一日の仕事が終わって、帰宅途中に立ち寄った居酒屋や大衆向きの料理店での利用を考えれば、もっと金額は高いと推定できる。

茨城県の地鶏や銘柄鶏は、自然環境のよい奥久慈や筑波山の水源のあるつくばで開発している。奥久慈しゃも、あかくばしゃも（つくば地鶏）、やさと本味どり（やさとしゃも）、つくば茜鶏などが開発されている。最近の地鶏の特徴は、食味・食感（歯ごたえなど）の良い肉質であること、栄養的に脂肪は少ない傾向にある。安全性の面では抗生物質や農薬の含まない鶏が多い。鶏肉の皮は細菌汚染されやすいので、鶏の解体後の取り扱いと保管は衛生的であることが必要である。

秋から冬にシベリアや中国から日本各地に飛来する渡り鳥は、鳥インフルエンザ（bird flu）のウイルスを持ち込むことが多くなっている現在は、秋から冬に養鶏業が心配になり、鳥インフルエンザに感染しないように養鶏関係の役人、研究者、事業者が感染しない努力している。

水戸駅から東京駅までは、特急で1時間程度で行ける距離なので、東京の料理に関する情報が茨城県に普及するには長い時間を必要としない。

茨城県の農業人口は多く、日本有数の農作物を栽培している。農作物は県内の消費だけでなく、東京都や神奈川へも出荷している。鶏肉や卵も県外にも出荷している。水戸市を中心として郷土料理に魚料理が多いのは水産業が発達しているからである。太平洋沿岸は水産業が盛んであるが、北茨城地区は2011年3月11日の東日本大震災による東京電力福島第一原子力発電所の事故で放射性物質の被害を受け、漁業は震災前の状態には戻っていない。畜産関係では、銘柄鶏のほかに、高級黒毛和種の「常陸牛」、銘柄豚の「ローズポーク」もよく知られている。いろいろな料理に興味をもっていた水戸光圀は、豚肉、牛肉、牛乳を材料とした料理を作らせたといわれている。江戸時代には御三家の一つとして重んじられた水戸藩は水戸学という考えのもとに常陸独自の文化が作られた。

知っておきたい鶏肉、卵を使った料理

- **レンコン団子汁**　土浦は日本一の蓮根の産地。おろした蓮根と鶏肉に片栗粉、卵を混ぜて団子にし、季節の野菜や鶏もも肉とともに煮た汁。レンコン団子だけを肉団子のように料理すれば多くの料理に使え、地元の家庭では重宝している。

- **行方バーガー（かもパックン）**　地元の合鴨農法で育った上質な鴨肉を使った、行方のご当地グルメ。わさび菜、酢バス、鴨肉と鶏肉のパテ、

ねぎ、練り梅、セリ、キャベツ、レタスの照り焼きバーガー。他に、霞ヶ浦で採れるナマズや鯉を使った、なめパックン、こいパックン、行方の豚肉を使ったぶたパックンもある。

● **梅肉入り炒り豆腐** 水戸名産の梅干を使った炒り豆腐料理。細い千切りの人参、椎茸を炒め、だしと豆腐を入れ、溶き卵でとじて、ちぎった梅干と絹さやを散らす。

卵を使った菓子

● **おみたまプリン** 茨城空港開港に合わせて復活されたプリン。県産の新鮮卵、低温殺菌のノンホモ牛乳など上質の素材を使ったプリン。濃厚な味わいでとろける格別の美味しさのこのプリンは、プリンだけで十分満足できる味なので、カラメルソースは付いていない。水戸市は年間のプリンの購入金額が全国1位。

● **黄門様の印籠焼** 水戸黄門の里、常陸太田に大正13年創業の「印籠焼本舗光月堂」が作る印籠の形をした焼き菓子。生地は水を一切使わずに小麦と地元の奥久慈卵を使い、中の餡には奥久慈茶や水戸名物の梅を入れて、素材にこだわった銘菓。

地　鶏

● **奥久慈しゃも** 体重：雄平均2,600g、雌平均2,100g。茨城県養鶏試験場（現県畜産センター）で、軍鶏の雄と、名古屋コーチンとロードアイランドレッドを交配した雌を掛け合わせて作出。生産地の地名から"奥久慈しゃも"と命名。奥久慈の自然の中で、十分運動をさせ丁寧かつ野性的に育て、肉質は低脂肪でしまりがあり歯ごたえ抜群で味わい深い。ブロイラーの飼養期間が約50日のところ、倍以上の120日から150日飼い、飼う手間は3倍から4倍かける。全国にも出荷されるが、大子町の旅館や飲食店でも食べることができる。しゃも弁当、鍋、はっと汁、親子丼、鳥弁当、うどん、そば、ステーキ、ハンバーガー等種類も豊富。全国特殊鶏（地鶏）味の品評会で1位に輝いた。農事組合法人奥久慈しゃも生産組合が生産する。

● **つくばしゃも** 体重：雄平均3,100g、雌平均2,900g。専用飼料にお腹の調子や免疫を増強する納豆菌やオリゴ糖を添加することによりすべての

飼育期間を無薬で育てる。歯ごたえがあり食味の良い安全な地鶏の肉。中型軍鶏の雄にレッドブローの雌を交配。平飼いの開放鶏舎で飼養期間は平均105日と長い。やさと農業協同組合が生産する。

- **筑波地鶏**　茨城県畜産センターが中心になって開発。関東圏で初めてのJASの「地鶏」と認定された。

銘柄鶏

- **やさと本味どり**　体重：雄平均3,100g、雌平均3,000g。専用飼料にお腹の調子や免疫を増強する納豆菌やオリゴ糖を添加することによりすべての飼育期間を無薬で育てる。平飼いの開放鶏舎で平均55日間飼育する。鶏種はチャンキー、コブ。農事組合法人奥久慈しゃも生産組合が生産する。

- **つくば 茜 鶏**（あかねどり）　体重：平均3,100g。専用飼料は、動物性原料は使わずに植物性原料を使い、主原料は非遺伝子組換え。抗生物質や抗菌剤不使用。鶏肉特有の臭みがなくジューシーな肉質なので、女性にも子どもにも好まれる。平飼いで飼養期間は平均80日。ロードアイランドレッドとヘビーロードアイランドレッドを交配した雄に、ロードアイランドとロードサセックスを交配した雌を掛け合わせた。共栄ファームが生産する。

たまご

- **健やか都路育ち**　美味しさと安全性と栄養にこだわった卵。独自の配合飼料でコクのある味わいと、調理後の色合いを確保した。ヒナからのパッキング工場まで一貫した衛生管理を実施。ビタミンEは普通の卵の5倍、DHAも多い。都路のたまごが生産する。

- **鳥羽田農場の平飼いたまご**　鶏舎内に鶏が眠れる止まり木があり、床は鶏糞が溜まらない清潔な網目構造で、卵を産む巣箱がある平飼いで飼育した鶏が産んだ卵。昔ながらの味がする。飼料にはアスタキサンチンを配合。倉持産業が生産する。

- **筑波の黄身じまん**　優れた生産農場を厳選して生産した、ビタミンEが普通の卵の10倍含まれる卵。倉持産業が生産する。

- **ごまたま**　いい卵は健康な鶏からと考え、親鳥を開放的な鶏舎で日光を浴び、飼料に日本古来の健康食"胡麻"をたっぷり加えた。胡麻を食べ

て元気いっぱいの鶏が産んだ美味しい自然の卵。あじたま販売が生産する。

● **奥久慈卵**　奥久慈の大自然に囲まれ緑薫風が通りぬける開放鶏舎で飼育。大自然から届けられる、殻も厚く黄身の色も濃く味わい抜群の卵。ひたち農園が生産する。スーパーだけでなくレストラン、加工品などにも使われている。

その他の鳥

● **ダチョウ飼育**　石岡市の常南グリーンシステムが生産販売を行っている。観光牧場の「石岡ファーム」と、千葉県の「袖ヶ浦ファーム」があり、園内でダチョウ肉のバーベキューや目玉焼きが味わえる。販売は、ダチョウのもも肉や生卵の他にも、ダチョウ肉で作ったソーセージやカレー、ダチョウの卵を使ったどら焼きもある。また、食用ではなくて、装飾用の卵殻、羽根、そして、ダチョウ繁殖用の有精卵や雛、飼育用の設備の販売も手がけている（ダチョウについては付録1も参照）。

県鳥

ヒバリ、雲雀（ヒバリ科）　留鳥。晴れた日に鳴くので"日晴り"といわれる。また、鳴きながら空高く舞い雲にのぼるので"雲雀"とも書く。雌雄とも頭から尾まで黄褐色だが、雄は頭の羽をよく立てる。昔から俳句や和歌に数多く詠われている。英名は、空で戯れている鳥の意味から"Skylark"。熊本県も県鳥に指定している。

汁　物

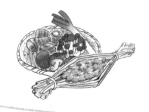

汁物と地域の食文化

　茨城県内で、漁業の盛んな北茨城には、かつては冬に水揚げの多かった「アンコウのどぶ汁」がある。隣接する福島県の浜通り地区と共通している魚食文化が存在している。2011（平成23）年3月11日の東日本大震災による福島県浜通り北部に位置する東京電力原子力発電所の事故による放射性物質の飛散は、福島県だけでなく北茨城地区の海域を汚染した。海域表層の魚類だけでなく底生魚介類も汚染された。地元で水揚げされる魚介類が放射性物質による汚染の心配なく、事故以前のような地元の水産物が食べられる時期がくるのを地元の人々も全国の人々も待っている。

　ひたちなか市や北茨城市の魚市場には、多くの人が水揚げされた新鮮な魚介類を求めて訪れる。江戸時代の水戸藩の藩主は食に関心をもっていたことでも知られている。徳川光圀公は、アンコウ鍋が好きだったと伝えられている。江戸時代後期、水戸藩第9代藩主徳川斉昭公は、料理本「食菜録」を編纂した。その中にはうなぎの蒲焼き、カツオのたたき、クジラ料理、納豆料理、煮物の材料や種類が記されている。

　茨城県の沖合は暖流魚、寒流魚の宝庫である。とくに、初夏から秋にかけてはカツオ、サンマ、イワシなどの水揚げ量が多く、冬はアンコウやヒラメが水揚げされる。この地域の漁師たちは水揚げした魚は無駄なく利用する知恵をもっている。

　「あんこう鍋」は身・皮・内臓を利用した鍋である。北茨城の大津港を中心に「あんこう鍋」が有名であるが、地元の家庭では、アンコウの肝臓も鍋の汁に溶かし、味噌仕立ての「どぶ汁」を食べる。真冬が旬のアンコウの「どぶ汁」は、福島県の浜通りから北茨城の海に近い家庭の料理である。

　7月下旬から8月上旬は、霞ヶ浦のシラウオの最盛期である。酢味噌やショウガ醤油をつけた生食は珍味であるが、生のシラウオを食塩水の中で

　凡例　1世帯当たりの食塩・醤油・味噌購入量の出所は、総理府発行の2012年度「家計調査」とその20年前の1992年度の「家計調査」による

ひと煮立ちさせ、日干しした煮干しはそのまま、ご飯の惣菜や酒の肴にする。霞ヶ浦の漁業者の家庭では、夏にはだし汁の入った澄まし汁に入れ、「シラウオの澄まし汁」を作る。

汁物の種類と特色

　かつては、北茨城や福島県の浜通りの海水浴場では、海の深いところへ入らなくても水際の1カ所で足のかかとを回していると、ハマグリがかかとに当たり、そこを簡単に手で穴を掘るとハマグリが採集できた。このハマグリを砂抜きし、醤油ベースの吸物にしたのを「からこ汁」といい、庶民の夏の吸物であった。現在、ハマグリは岸からやや離れた海域でしかとれないので、一般の家庭ではハマグリ料理は以前ほど気軽に作れなくなっている。

　茨城県の各漁場（北茨城、那珂湊や大洗）には、黒潮にのって回遊する上りカツオも戻りカツオも水揚げされるので、夏にはカツオの身肉を刺身や照り焼きなどにし、中落ちは味噌仕立ての「かつおの粗汁」として食べる。かつてはカツオは頭部以外は利用するという漁師料理が一般に広まっていた。内臓（肝臓や幽門垂）は塩辛にする。人の体内ではビタミンAとして働くレチノールを含むので、視力の弱い人に利用されていた。常陸太田市地域で栽培している「赤ネギ」は、白ネギより軟らかく、香りが高く、刻んだ赤ネギは、味噌汁の具や澄まし汁に入れる「ネギ汁」として利用される。

　水戸の笹沼清左衛門が江戸の糸ひき納豆に着目して考案した水戸納豆の製法は1890（明治23）年に成功している。それ以来、水戸の納豆が有名になりいろいろな納豆料理が開発されている。その一つが「納豆汁」である。水戸の「天狗納豆」のメーカーは笹沼五郎商店というから、水戸納豆の発明者を継承しているメーカーと思われる。水戸藩主・水戸光圀は納豆汁が好物だったともいわれている。納豆汁は、擦り潰した納豆を入れた味噌汁のようなものである。

食塩・醤油・味噌の特徴

❶食塩の特徴

　現在の北茨城から福島県いわき市にかけては、海岸の砂浜も海水も綺麗

だったので、第二次世界大戦の直後のしばらくの間、小規模ではあるが海水を汲み上げ釜に入れて、直接過熱蒸発させる方法で食塩を製造していた。

❷醤油・味噌の特徴

茨城県内の筑波山系の伏流水を取水できる地域では、醤油・味噌の醸造にミネラルの多い筑波山系伏流水を使用している。この伏流水に恵まれ、近隣から原料となる大豆・大麦・大豆の入手の便利な桜川市は、江戸時代から日本酒・醤油・味噌の醸造の街として栄えた。

1992年度・2012年度の食塩・醤油・味噌の購入量

▼水戸市の1世帯当たり食塩・醤油・味噌購入量（1992年度・2012年度）

年度	食塩（g）	醤油（mℓ）	味噌（g）
1992	2,928	15,581	10,965
2012	1,261	7,059	6,312

▼上記の1992年度購入量に対する 2012年度購入量の割合（%）

食塩	醤油	味噌
43.1	45.3	57.6

家庭で味噌は味噌汁のほか、呉汁、けんちん汁や鯉こくなどの郷土料理にも料理に使われる。また醤油は煮物や漬け醤油として使うほか、霞ヶ浦や利根川の魚介類の佃煮や鯉の甘露煮などの保存食をつくるのに使われる。

20年間で食塩の購入量は43.1%、醤油は45.3%と40%台に、味噌は50%台に減少している。小学校や中学校での食育、保健所や自治体の健康に関する機関および食生活を指導する団体による生活習慣病予防のための、減塩運動の結果の表れであると思われる。

また、日本人の朝食には味噌汁は、味噌に含まれるたんぱく質や具に含まれるビタミンやミネラルの供給源であったが、塩分の摂取量が多くなるので、具だくさんで味噌を少なくした塩分濃度の少ない味噌汁を摂取するようになったことと関係があると思われる。現代の食生活に川魚の甘露煮や鯉こくが合わなくなったので、家庭では野菜の漬物の他にも、川魚の佃煮や甘露煮をつくる機会が少なくなったことが食塩、醤油や味噌の使用量が少なくなった理由とも推測できる。

太平洋に面する海岸線には漁港があり、沿岸の魚介類だけでなく、カツオやサンマなどの回遊魚も水揚げされる。利根川や湖沼の淡水魚や貝類は、この地域の食文化の形成の一端を担っている。内陸部の火山灰地の田畑では、野菜類、果物類の栽培が盛んである。

主な食材

❶伝統野菜・地野菜

赤ネギ、浮島ダイコン、貝地高菜、レンコン、ヤーコン、カボチャ、キュウリ、ピーマン、トマト、ネギ、サツマイモ、ニンジン、レタス、ニラ、水菜、ハクサイ、青梗菜、キャベツ、ダイコン、ニンジン

❷主な水揚げ魚介類

カツオ、サンマ、サバ、ヒラメ、コンニャク、淡水性のもの（ワカサギ、シジミ）

❸食肉類

常陸牛、ローズポーク、久慈シャモ、養鶏・養豚が盛ん。

主な汁物と材料（具材）

汁　物	野菜類	粉物、豆類	魚介類、その他
アンコウのどぶ汁	ダイコン、ニンジン、ネギ		アンコウ、味噌仕立て
からこ汁（ハマグリの澄まし汁）			ハマグリ、醤油仕立ての澄まし汁
いわしのすり身だんご汁	ネギ、青菜、タマネギ		イワシ、味噌仕立て
カツオの粗汁	タマネギ		カツオの粗、味噌仕立て
ネギ汁	ネギ、生姜		かつお節のだし汁、味噌仕立て
水戸納豆汁	ネギ	納豆、豆腐、油揚げ	味噌仕立て

けんちん汁	ニンジン、ゴボウ、サトイモ	豆腐、油揚げ	
そばがきすいとん	ニンジン、ネギ、ナメコ、シイタケ	大豆	醤油、卵、鶏肉
呉汁	ダイコン、タマネギ、ニンジン、ネギ	大豆、豆腐	コンニャク、ダシ汁、白味噌、豚肉
さんま鍋	ニンジン、生シイタケ、春菊	油揚げ	コンニャク、サンマ
フナのたたき汁	ダイコン、ネギ		フナ、味噌、卵
水戸藩ラーメン	ネギ、ニラ、ニンニク、ショウガ、ラッキョウ、クコの実、松の実、シイタケ	麺（レンコン粉入り）	醤油仕立て

郷土料理としての主な汁物

　茨城県の太平洋に面している地域では、魚介類を使った郷土料理が発達し、霞ヶ浦、那珂川や利根川では、ウナギをはじめとする淡水や汽水の魚介類の郷土料理が発達している。那珂川や利根川でもサケが遡上し、塩引きや荒巻でなく、生サケの料理も食卓に上ったようである。

　関東平野では、コメ、小麦、大豆などの栽培は当然であるが、大豆を使った水戸納豆や豆腐をわらずとの中に包んで保存する「菰豆腐」は、よく知られた郷土の食品である。

- ●アンコウのどぶ汁　もともとは漁師の家のアンコウの粗煮であった。漁からの帰りを浜で待つ女性たちが作った「吾子夜鍋」が原型といわれている。もともとは、地元漁師の日常の食べ物だった。アンコウを吊るして捌く「吊るし切り」により切り分けたアンコウの7つ道具「キモ（肝臓）・トモ（尾びれ）・ヌノ（卵巣）・エラ（鰓）・水袋（胃袋）・柳肉（ほお肉）・皮」をダイコンと一緒に味噌仕立てにして煮込む鍋である。この際、キモは汁の中に溶かす。「アンコウ汁」は身・皮・内臓とダイコン・ニンジン・焼き豆腐を味噌仕立てにしたものである。一般の「アンコウ鍋」は身・皮・内臓をだし汁（割り下）で煮込み、ポン酢醤油を付けて食する。

- ●けんちん汁　11月の半ばになり、農作物の収穫の大半が終わると、収穫を祝うための祭りとなる。祭りのご馳走の一つが「けんちん汁」であ

る。いろいろな食材をごちゃごちゃに入れるので、「けんちん」とよばれるようになったといわれている。11月半ばも過ぎれば、夜は寒くなる。寒い日の体を温める料理としてしばしば作られる郷土料理でもある。

- **鯉こく** 利根川や霞ヶ浦ではコイが獲れた。現在は養殖もしている。コイは出世や健康にあやかって使われる魚である。昔は、結婚式には、2匹のコイを供えて腹合わせに供えるというしきたりがあり、そのコイで鯉こくを作り、結婚を祝した。

- **呉汁** 昔は、大豆の乾燥には庭先にむしろを敷き、そこに大豆を広げて干したものである。干した大豆を、むしろから落としてしまうことがある。庭先に落とした大豆を1粒1粒拾って、無駄なく使うことから生まれた汁物。野菜、豆腐などを入れた味噌仕立ての汁物である。龍ケ崎市の学校給食のための呉汁は、野菜たっぷりのものにしている。とくに、タマネギをたくさん入れている。

- **さんま鍋** 茨城県の太平洋側の漁港には、秋になるとサンマの水揚げで賑わう。昔から作られているサンマのシンプルな郷土料理で、サンマのすり身団子を入れた鍋物である。

- **さんまのみぞれ汁** 茨城県水産開発普及会の提案の新しい郷土料理である。サンマの身をすり鉢で擦るという面倒な調理の代わりに、一口大にぶつ切りにしたサンマに熱湯をかけて、臭みを和らげると同時に霜降りにして、身を固めて使う。野菜や油揚げなどの具とサンマを昆布だし汁で煮て、煮あがったら水溶き片栗粉を入れてとろみをつけ、さらにダイコンおろしを加えて混ぜたもの。体を温める一品である。

- **そばがきすいとん** 大豆もそばも生産量の多い地区の家庭料理として、生まれた健康食。一晩水に浸しておいた大豆を擦り潰し、呉汁を作る。だし汁はスープに使うが、一部でそば粉を練って、「そばがき」を作り、スープに入れる。具は地野菜や季節の野菜を使う。

- **鮒のたたき汁** 霞ヶ浦湖畔の郷土料理。フナは骨が多いので、出刃庖丁で細かく叩き、片栗粉や小麦粉を加えて「つみれ」にして、味噌汁の具とする。カルシウム、たんぱく質の豊富な料理で、ストレスの多い現代社会を生き抜くためにも役立つ郷土料理である。

- **水戸藩ラーメン** 日本で最初にラーメンを食べたのは、徳川光圀との伝説がある。光圀は中華麺の作り方の指導を受けた中国の儒学者から、中

華麺を食べる時には、「五辛」（ニラ・ラッキョウ・ネギ・ニンニク・ハジカミ）を添えて食べることを教わる。「五辛」は、五臓の働きを活性にする成分が含まれていると解説している。

- **納豆汁**　水戸の糸ひき納豆は、1889（明治22）年に笹沼清左衛門によって商品化された。これが商品名「天狗納豆」で、久慈地方の小粒の大豆で作るのが特徴である。納豆汁は擦り潰した納豆に、ネギ・シイタケ・サトイモなどいろいろな野菜を混ぜた味噌仕立ての郷土料理である。学校給食でもアレンジしたものが用意されている。

- **シシ鍋**　農産物への被害が深刻となっている石岡市で、茨城県の猟友会が駆除しているイノシシを町興しの材料として考えられたのが、縄文時代から重要なたんぱく質供給源であったイノシシの鍋料理である。作り方は、他の地区のイノシシ鍋と変わらない味噌仕立てである。

- **カツオの粗汁**　春から夏に向かっての上りカツオ、秋を感じる頃には戻りカツオが、福島・茨城・千葉の沖を回遊する。かつては、家庭でも1尾まるごと買っていたので、頭部や腹身は粗汁にした。カツオは、小名浜（福島）、大津港、（茨城）、那珂湊（ひたちなか市）、銚子（千葉）に水揚げされ、魚の行商人が各家庭でカツオを捌いてくれたから、粗も残る。粗は味噌汁の具として用意されたものである。

【コラム】さまざま納豆料理

水戸納豆の由来は、1890（明治23）年に水戸の笹沼清左衛門が江戸の糸引き納豆に着目し、納豆作りに専念したと伝えられている。現在の水戸納豆の原料は、久慈地方特産の小粒ダイズである。これはやわらかく粘りの強い独特の風味のある納豆となるからとのことである。納豆料理には、箸でかき回してご飯にかける普通の食べ方のほか、魚のアジと一緒にたたく「叩き納豆」、つぶして野菜と煮物に付けて食べる納豆田楽、擦りおろしたヤマイモをかける山かけ納豆、チャーハンの具、から揚げなどがある。2015年4月25日のNHKの朝7時のニュースによれば、冷凍した納豆を使ったフランス料理がフランスで注目されているようである。健康食の素材として使うようである。

伝統調味料

▼水戸市の１世帯当たりの調味料の購入量の変化

年　度	食塩（g）	醤油（ml）	味噌（g）	酢（ml）
1988	4,243	19,122	16,011	1,847
2000	2,446	10,548	8,897	1,877
2010	1,836	10,310	7,036	1,877

　水戸といえば水戸藩第３代藩主水戸光圀は、食通で知られている。日本で最初にラーメンを食べたのは、水戸光圀ともいわれている。日本の３名園の一つ水戸の偕楽園は、水戸藩主第９代藩主徳川斉昭が造園したといわれている。食塩の購入量が年々減少していることから偕楽園の梅の木に実る果実は自家用、観光用の梅干しの製造も少なくなっていると思われる。

　水戸の名物の水戸納豆は、明治22（1889）年から製造されている。水戸納豆の特徴は小粒の大豆で作ってあることである。納豆を食べるに必要な調味料は醤油とからしである。現在は、納豆に同時についている調味料は、だし醤油が多くなった。だし醤油が普及する前は、関東風の醤油が使われていた。だし醤油が納豆に添えられるようなったためか、水戸市の１世帯当たりの醤油の購入量は、2000年と10年後の2010年を比べても大きな差がなくなっている。

　水戸から北茨城にかけては、アンコウ料理が名物である。その中のアンコウ鍋の味付けは、この地区では醤油仕立てで提供することが多い。アンコウ鍋には、ニンジン・ダイコン・ゴボウ・ネギ・ウド・セリ・ミツバ・タケノコ・シイタケ・ギンナンなどいろいろな野菜を使う。福島県小名浜のアンコウ鍋のどぶ汁は、アンコウの七つ道具といわれる身肉や内臓とダイコンだけで、味噌仕立てで提供するのとは違いがある。

　茨城県の笠間地方は、良質のサトイモの栽培が盛んである。サトイモの

食べ方は、茹でてゴマ味噌をからげて煮る「サトイモのゴマ味噌煮」は独特の食べ方である。コンニャクも同じようにゴマ味噌煮で食べる。味噌とゴマの風味は、さっぱりしたサトイモやコンニャクをコクのある味として食べる料理でもある。

茨城県の水郷地帯は、川魚を佃煮や甘露煮として利用することが多い。醤油の生産地の千葉の野田が近いことと、水郷を利用した水路が醤油の利用を容易にしたものと思われる。小魚の佃煮やフナの甘露煮は、保存食品であると同時に、行事食としても利用されている。

知っておきたい郷土の調味料

醤油・味噌

● **茨城県の醤油・味噌の特徴**　茨城県の名産品には大豆を原料とした納豆があるので、茨城県は大豆の生産量が多いかと思うが、関東管内での生産量は最も多いが関東地方の近隣から大豆だけでなく麦や米も仕入れている。茨城県の桜川市は、筑波山系のミネラル豊富な伏流水と醤油や味噌の原料となる米・麦・大豆が近隣から豊富に入手できるために、江戸時代から酒・醤油・味噌の醸造の町として栄えた。また、食育に反映するため地元の農家が生産した・大豆や米を使った米味噌も作っている醸造会社もある。桜川市の鈴木醸造㈱のように搾りたての「生揚げ」をアピールしている醸造会社もある。

元禄の初めから創業300年余も醤油を醸造する紫沼醤油㈱は、「紫峰しょうゆ」「紫薄塩」などのブランドで販売している。茨城県にしては珍しく、秋葉糀味噌醸造は、上質の米から作った糀と大豆を原料とし、昔からの製法で「つむぎみそ」「上白みそ」「金山時みそ」を製造している。二度仕込みの醤油を作っている谷口商店や昭和20年代に設立した新しい感覚と研究開発を続けている茨城味噌協同組合もある。

● **県内の人気の醤油・味噌・つゆ・タレなど**
①醤油では、キミセ醤油・紫峰しょうゆ・三年熟成醤油・百年木桶仕込み生醤油・田舎醤油・昔醤油（大橋醤油）・天然醸造醤油（大橋醸造）がある。結城市の蔵元小田屋の「割烹大吟醸醤油」は刺身に特化した3年もろみの極上醤油である。蔵元小田屋は寛政元（1789）年創業の

老舗である。上品ないい香り、まろやかで深いうま味が口中に残る。アジのたたきをこの醤油を付けることにより、まったりとしたうま味を感じ、白身魚の刺身をつけるとやさしいうま味を味わうことができる。

②だし醤油には、フォンドボウー醤油（洋風だし醤油）、あわ漬け醤油・土佐しょうゆ・つゆ（大橋醤油）がある。

③味噌には、カグラ南蛮味噌（ピリ辛味のある味噌）・副将軍味噌（シロコメ味噌）・純みそ（シロコメ味噌）・金山寺味噌（シロコメ味噌）などがある。江戸甘味噌は赤色系の味噌で、濃厚な甘味がある。

④ソースには焼きソバに用いるアメリケーヌソース（月星ソース）がよく使われる。

⑤茨城県の那珂湊の市場内の食堂では、ヒラメのエンガワをだしの材料としたヒラメのアラ（粗）汁が人気である。鮮魚店から分けてもらったエンガワをだしの材料とし、鰹節や昆布などのだしを使わない。具はヒラメの粗やその場にある野菜類で、特別なレシピーはない。

食塩

第二次世界大戦の終戦直後の食料難の頃、現在の北茨城から福島県いわき市にかけての海域の海水は綺麗であり、海岸も綺麗であったので、海水を汲み上げて自家製食塩を作っていたところもあったが、現在は行われていない。

郷土料理と調味料

● **アンコウ料理と味噌**　北茨城から福島県のいわき市のアンコウ料理には、アンコウの身や皮を茹でたものに茹でた肝臓と味噌をすり鉢で合わせ、さらに食酢と砂糖で調味した、甘味と酸味のある酢味噌を和える「とも和え」がある。また、アンコウ鍋は、土鍋で最初に肝臓を炒り、ここにだし汁を入れ、さらに味噌仕立ての汁をつくる。この汁の沸騰したところにアンコウの七つ道具（肝＝肝臓・トモ＝尾ビレ・ヌノ＝卵巣・エラ・水袋＝胃袋・柳肉＝ほほ肉・皮）を投入して煮る。野菜は好みの季節の野菜を使うが食べやすい大きさのダイコンだけを入れる家庭もある。

● **水戸納豆と醤油**　水戸納豆ができたのは明治23（1890）年であると伝

えられている。箸をたててかき混ぜると粘りが出るのが特徴である。蒸した大豆か茹でた大豆に納豆菌をまぶして発酵・熟成させたものである。この間に大豆のたんぱく質はアミノ酸やペプチドのようなうま味成分に分解する。これに醤油をかけることにより、醤油のアミノ酸と食塩によるうま味の相乗効果により、より美味しく食べられる。今や納豆は、ナットウキナーゼや粘質物の糖たんぱく質の健康効果が注目され、健康食品として欠かせない食品となっている。茨城県の奥久慈地方には、船形の経木に容器に入れた小粒大豆から作る舟納豆がある。水戸納豆は常磐線の水戸駅で藁つとに包んだ糸引き納豆であったが、藁つとの衛生上の問題から発泡スチロールの容器に入れて販売するようになった。

- **サトイモのゴマ味噌煮** もともと赤穂藩士・浅野家の所領であった笠間地方は、良質のサトイモの栽培が盛んである。茹でたゴマ味噌をかけて煮る。独特な調理法が伝えられている。
- **ダシとしての「寒ヒラメ」のエンガワ** 大洗海岸に近い那珂湊市場は、平成23（2011）年の東日本大震災による被害を受ける前までは、近海で漁獲される魚介類の市場として栄えていた。東日本大震災の津波によりこの市場も壊滅状態になった。震災後2年目には、簡易建築による市場も完成し、近海ものだけでなく、全国で水揚げされる魚介類だけでなく、全国の加工食品・野菜類・果物が集まり、大勢の買い物客で賑わっていた。冬に漁獲される寒ヒラメの中で小さい形のものや漁獲時に傷がついて商品とならないものは、市場内の食堂でヒラメのエンガワだけをぶつ切りにし、吸い物の具にする。この時期のヒラメのエンガワ、うま味もありあぶらものっているので、刺身でも十分に食べられる価値がある。吸い物に入れたヒラメのエンガワからは、十分なだしが汁の中に溶出してくるので、特別にカツオ節や昆布からのダシを用意しなくてよいのである。那珂湊の市場だけの贅沢な一品である。

発　酵

わらづと納豆

◆地域の特色

　関東平野の北東部にあり、県西部を連なる八溝山地、北東部には福島県から続く阿武隈山地の高地帯と、南部には千葉県と埼玉県の県境をなす利根川の下流域で、霞ヶ浦、北浦などを含む低地帯により構成されている。太平洋側気候を呈し、冬季は少雨乾燥、夏季は多雨多湿となる。利根川、那珂川、久慈川をはじめ、およそ200の河川が流れ、全国2位の面積を誇る湖の霞ヶ浦および北浦を中心とする水郷地帯もある。

　奈良時代の『常陸国風土記』には「常世の国」と書かれているように、日本屈指の農業地帯である。農業産出額は、北海道に次ぐ2位（2016（平成28）年度の統計）で日本有数の農業県である。県土の大半を平地が占め、その多くが農地であることから、森林率では31％と大阪府に次いで全国で2番目に低い。メロンの生産量、東京都中央卸売市場での青果物取扱高は全国1位である。また、延長190kmにおよぶ海岸線を有し、親潮と黒潮が交差する豊かな漁場があり、さまざまな魚介が水揚げされる「漁業県」でもある。特に冬のアンコウは質がよく、近年では高級食材となっている。

◆発酵の歴史と文化

　茨城県は、納豆発祥の地として知られる。1083（永保3）年、奥州平定に向かう源義家の軍勢が常陸国で宿営し、渡里の里（水戸市渡里町）の一盛長者の屋敷に泊ったときに、家来がウマの飼料に作った煮豆の残りをわらで包んでおいたら、煮豆は自然に発酵して糸を引くようになった。これをためしに食べてみると、実にうまい。そこで義家に献じたところ大変喜ばれたという。以来、将軍に納めたマメという意味で「納豆」と名付けられ、近郷の農家に広まったという話が伝わっている。

　水戸地方では、農家が自家製の納豆を作って食べていたが、それを近代的食品工業として確立し販路を拡大したのが、明治創業で水戸の納豆の発

祥といわれる「天狗納豆」である。水戸納豆が全国区のブランドとなったのは、大正時代〜昭和初期にかけてである。なお、納豆発祥の地がどこかについては、この他にも「秋田発祥説」と「熊本発祥説」などがある。

◆主な発酵食品

醤油 かつて土浦市は、千葉県野田市、銚子市と並んで醤油醸造の「関東三大銘柄地」と呼ばれていた。大豆や小麦の生産が盛んで、江戸とは利根川水系を利用した水運で結ばれていたことから、醤油醸造に適していた。1688（元禄元）年に柴沼正左衛門が創業した柴沼醤油醸造では、現在も、明治時代初期の蔵で木桶仕込みの醤油が造られている。その他、1789（寛政元）年創業の蔵元小田屋（結城市）、1800（寛政12）年創業のヨネビシ醤油（常陸太田市）、黒澤醤油店（ひたちなか市）、石山清七商店（潮来市）、沼屋本店（つくば市）、清原醤油醸造店（竜ヶ崎市）、大橋醤油店（古河市）など、約20の会社で造られている。

味噌 大森味噌店（北茨城市）、内山味噌店（日立市）、湊屋味噌醸造所（笠間市）、ミツウロコ味噌（石岡市）、柴沼味噌店（土浦市）、ヤマイチ味噌（牛久市）、沼屋本店（つくば市）、鈴木醸造（桜川市）など約18の会社で造られている。

日本酒 豊かな自然が残る茨城県には、久慈川水系、那珂川、鬼怒川など5つの水系のもと関東地方で最も多い蔵数を誇る。平安時代の1141（永治元）年から続く、日本最古の酒蔵である須藤本家（笠間市）のほか、明治の酒米「渡船」を復活させた府中誉（石岡市）、月の井酒造店（東茨城郡）、明利酒類（水戸市）、木内酒造（那珂市）、根本酒造（常陸大宮市）、浦里酒造店（つくば市）、石岡酒造（石岡市）、武勇（結城市）、山中酒造店（常総市）、萩原酒造（猿島郡）など36の蔵がある。

焼酎 干し芋を使った芋焼酎の明利酒類（水戸市）、そば焼酎の剛烈富永酒造店（常陸太田市）、酒米を使った純米焼酎の府中誉（石岡市）などがある。

ワイン 牛久シャトーは、実業家の神谷傳兵衛が、1903（明治36）年に牛久市に開設した日本初の本格的ワイン醸造場である。フランスのワイナリーをモデルにボルドー地方の技術を用いて、ブドウの栽培からワインの醸造、瓶詰めを一貫して行った。当時の建物は、現在記念館とし

てワインの歴史が展示されている。2007（平成19）年に「近代化産業遺産」に、2008（平成20）年には国の重要文化財に指定されている。2020（令和2）年には、文化庁により、「国産ブドウで醸造する和文化の結晶」として「日本遺産」に認定された。その他、常陸ワインを造る檜山酒造（常陸太田市）、つくばのブドウで造るつくばワイナリー（つくば市）などがある。

ビール　大消費地東京に近いため、アサヒビール（守谷市）、麒麟麦酒（取手市）の主力工場がある。大手メーカーのほか、クラフトビールのメーカーも多い。1996（平成8）年にビール製造免許を取得し生産を始めた木内酒造（那珂市）は、数々の世界のビールコンテストで入賞を果たしている常陸野ネストビールを造っている。その他、大子ブルワリー（久慈郡）、牛久シャトーブルワリー（牛久市）、下妻ブルワリー（下妻市）などがある。

納豆　水戸地方をはじめ、古くから各農家が自家製の納豆を作っていたが、明治になり近代的食品工業として製造技術が確立された。小粒の納豆が一般的で、人気がある。小粒大豆の代表として、県の育成品種「納豆小粒」が使われる。小粒で糸引きがよく、独特の口当たりと風味豊かな特徴をもつ納豆となる。明治創業の天狗納豆（水戸市）のほか、だるま食品（水戸市）、笹沼五郎商店（水戸市）、タカノフーズ（小美玉市）、ひげた食品（土浦市）、JAやさと（石岡市）、ふれあい下妻（下妻市）、トーコーフーズ（常陸太田市）など、県内各地で製造されている。

干し納豆　納豆を水洗いしてねばねばを取ったものを天日干しにし、乾燥させて作られる。おやつとしてそのまま食べる。納豆に比べてにおいが少なく、特有のぬめりがないので、納豆が苦手な人でも食べやすい。

納豆漬け　古くから茨城の畑作地帯で、寒の入りの時期に各家庭で、いちょう形に刻んだ割り干し大根を納豆に混ぜ塩漬けにした保存食が作られていた。これをしょぼろ納豆漬け、そぼろ納豆漬けなどと呼ぶ。納豆の風味と、シャキシャキとしたダイコンとの絶妙な味わいである。

ごさい漬け　鹿島灘でたくさん獲れたイワシを11月頃から塩漬けにし、発酵してきたところでダイコンと一緒に漬け込んだ郷土食である。名前の由来は、脂肪分の少ない小型のイワシを「こさい」と呼び、

それが「ごさい」に変化したことから、また五つの食材（五彩）を使っているから、「五彩漬け」としたなど諸説ある。イワシの水揚げの減少により現在はサンマで作られることが多い。

梅酒　　日本酒だけでなく梅酒も醸造している酒蔵も多く、それぞれの蔵元が個性あふれる梅酒を造っている。明利酒類（水戸市）、木内酒造（那珂市）、愛友酒造（潮来市）、田中酒造店（取手市）などで造られている。

◆発酵食品を使った郷土料理など

しもつかれ　　サケの頭と大豆、ニンジン、ダイコン、油揚げなどとともに酒粕を入れて煮込んだ郷土料理である。2月の初午の日に作り、赤飯とともに稲荷神社に供える。すみつかれとも呼ばれる。栃木県、群馬県にも分布する。

パイタ焼き　　漁師が浜で、たたいたサンマをまな板の上に延ばして味噌を塗り直火で炙る、サンマの味噌風味ハンバーグのような料理である。端板焼が訛って「ぱいた焼き」になったといわれる。

アンコウの共酢和え　　茹でたアンコウの身や皮、胃袋などを、肝を合わせた酢味噌で食べる郷土料理である。

ワカサギとレンコンの酢漬け　　国内2位の面積をもつ霞ヶ浦の特産品であるワカサギとレンコンを酢漬けにしたものである。

さしみこんにゃく　　奥久慈地方は、古くからこんにゃく栽培が盛んで、こんにゃく発祥の地といわれている。江戸時代には水戸藩の専売品として藩の財政を支えるまでになった。大子町には蒟蒻神社もある。家庭では、「さしみこんにゃく」はだし醤油で食べ、「こんにゃくの田楽」はユズ味噌をつけて食べる。

納豆羊羹　　練り羊羹の中にさりげなく納豆の粒が入っていて、納豆の風味が広がる和菓子である。

◆特色のある発酵文化

種麹屋　　主として醤油用、味噌用の種麹を製造している日本醸造工業（東京都）の工場が日立市にある。

◆発酵にかかわる神社仏閣・祭り

春日神社（行方市）　どぶろく祭り

毎年11月23日に、豊年満作を感謝してどぶろく祭りが行われる。大量のどぶろくを造り神前に供え、参拝者や氏子たちに振る舞われる。

真弓神社（常陸太田市）　甘酒祭

酒蔵の神でもある少彦名命（すくなひこなのみこと）が祀られており、旧暦10月18日に新穀で甘酒を造りお供えする。

常盤神社（水戸市）　全国梅酒まつり in 水戸

2013（平成25）年に偕楽園の梅祭りに合わせて開催されて以来毎年開催されている。第1回では、日本全国93蔵から157銘柄が出品された。

◆発酵関連の博物館・美術館

納豆展示館（水戸市）

笹沼五郎商店の工場内にあり、納豆の歴史、製造工程、昔の道具などが展示されている。

別春館（水戸市）

明利酒類が運営する観光酒蔵にあり、梅酒と日本酒などに関する資料、酒造りの道具類などが展示されている。

神谷傳兵衛記念館（牛久市）

日本初の本格的ワイン醸造場を作った神谷傳兵衛の足跡が、当時のワイン造りの資料などとともに展示されている。

タカノフーズ 納豆博物館（小美玉市）

納豆の歴史から、さまざまな作り方、健康機能性など、納豆のことについてわかりやすく紹介している。

◆発酵関連の研究をしている大学・研究所

筑波大学生命環境学群生物学類、生物資源学類生命環境科学研究科生物機能科学専攻

発酵に関するさまざまな微生物の機能解析や、それをもとにした新たな機能をもった微生物の開発など先端的な研究がなされている。

農業・食品産業技術総合研究機構食品研究部門

つくば市にある農水省所管の研究機関

で、味噌や納豆などに関した微生物や機能性成分の研究が行われている。

都道府県トップ10　ビール生産量

　生産量トップは茨城県の37万9448kℓで、全国計254万4314kℓの14.9%である。2位は大阪府（27万6794kℓ、シェア10.9%）、3位は福岡県（26万249kℓ、同10.2%）、以下4位愛知県、5位神奈川県、6位千葉県、7位福島県、8位北海道、9位京都府、10位静岡県である（2018（平成30）年国税庁間接税酒税都道府県別の製成数量より作成）。

コラム　ゲノム解析からわかった麹菌のルーツ

　黄麹菌（アスペルギルス・オリゼ）はどこからやってきたのだろうか。2005（平成17）年に麹菌のゲノム解析が完了したことにより、8本の染色体をもち、約1万2000個の遺伝子がコードされていることがわかった。ゲノム情報が利用できるようになり、有用な酵素遺伝子の数や種類などさまざまなことがわかるようになったが、それ以外にも「麹菌は我が国で家畜化されたカビである」ことが明らかになった。人類は長い歴史の過程で、イノシシからブタ、カモからアヒルといったように野生の動物を家畜化して利用してきた。また、野生のイネや麦の原種から、収穫量が多く栽培がしやすいものとして現在のイネや小麦などを作り出した。動物や植物などは、家畜化の過程がよく理解できるが、これまで肉眼で見えない微生物でも家畜化という概念が登場しつつある。

和菓子 / 郷土菓子

水戸の梅

地域の特性

　関東地方の北東部に位置し、県域は元常陸国とよばれた全域と、下総国（千葉県）北部にあたる。地形は東に太平洋、北は福島県、西に栃木県、南は利根川を境に埼玉・千葉の両県に隣接している。

　琵琶湖に次ぐ我が国2位の湖・霞ヶ浦があり、坂東太郎とよばれる大河・利根川が流れているが、耕地面積は全国2位という広さ。

　気候は太平洋側気候で、冬は少雨乾燥で夏は多雨多湿である。全体的には温暖で、南限と北限の作物が多く栽培され、県内のメロンの生産高は全国1位である。

　県東部には鹿島臨海工業地帯、南部には筑波研究学園都市があり、時代を先取りする最高の技術開発の拠点となっている。

地域の歴史・文化とお菓子

水戸徳川家にまつわる菓子

①黄門様と助さん、格さんのモデル

　「水戸黄門」といえば、徳川家康の孫・水戸2代藩主徳川光圀公のことで、助さん、格さんと世直しの旅を続ける物語が有名だが、光圀が国内漫遊をしたという記録はない。

　光圀は「大日本史」編纂という大事業を進めていた。そのチームに佐々介三郎、安積覚兵門という学者がいて、この2人が助さん、格さんのモデルで、彼らが光圀の命で資料収集のため各地を旅していた姿が、後に「漫遊記物」に発展したのではないかとされている。

②助さんの越後土産

　光圀は藩主を退いた後、1691（元禄4）年から1700（元禄13）年に没するまで、現在の常陸太田市にある「西山荘」で晩年を過ごした。建物は

茅葺き屋根の質素なものだが、ここで『大日本史』編纂の監修を行い、田畑を耕し、領民と親しく交流して暮らしていた。

　1693（元禄6）年、助さんこと佐々介三郎は光圀の命で北越（新潟県）地方に視察に出かけた。その際、光圀への土産として持ち帰ったのが「越後の笹団子」で、光圀はその団子をヒントに、毎年端午の節供に荘内のササを自ら刈って「笹饅頭」を作り領民に振る舞ったという。

③太田名物・なべやの粽（ちまき）

　常陸太田には「光圀ゆかりの粽」がある。助さんの越後土産がいつしか土地に根づき、1875（明治8）年創業の鍋屋に、「助さんが越後より伝えた光圀ゆかりの粽」として伝承されている。

　鍋屋の粽は漉し餡入りの真っ白な米粉の団子で、熊笹で巻いて藺草で括られている。まさに越後の笹団子と同形だが、越後の団子は餡入りの草団子で、越後で「粽」といえば、もち米をササで包んで蒸したもの。中に餡は入っていない。しかしなぜかこの地では「笹団子」を「粽」とよんでいた。

　いろいろと不思議を秘めた郷土の名物だが、西山荘近くには佐々介三郎の住居跡が残され、市内の正宗寺（しょうしゅうじ）にはお墓もある。

④水戸9代藩主・斉昭（なりあき）と「吉原殿中（よしわらでんちゅう）」

　光圀と同様名藩主とされる斉昭は、徳川最後の将軍・慶喜の父である。藩政改革に手腕を発揮し、質素倹約を奨励し、農民の労に感謝していた。斉昭は「農人形」といって青銅製の農民像をつくらせ、毎食膳この人形が抱え持つ笠の中に一箸のご飯を供えたという。

　奥女中の吉原は、斉昭が農人形に供えたご飯を集め、乾燥させて炒り、黄な粉をまぶしてお菓子を作った。それが水戸銘菓「吉原殿中」の始まりとされる。

　「吉原殿中」とは物々しい名前だが、菓子は至って素朴である。現在のものは、もち米から作ったあられを水飴で固め、丸い棒状にして外側をさらに水飴で練って黄な粉がまぶしてある。熊谷の五家棒と極似である。

⑤東北にもある「農人形」と「吉原」

　斉昭が考案した農人形は、戦前の水戸の各家庭に木彫りのものであったそうだ。蓑を着て鎌を肩に掛け、坐した農夫の人形で、笠を前で抱えている。この農人形が、東北の農家の蔵からも発見されたという。それは斉昭

の息女が南部藩へ嫁いだ際、嫁入り道具の1つに農人形があって、これが一般にも広がったとされる。

　農人形とともに「吉原殿中」のお菓子も伝えられたのか、仙台駄菓子や南部駄菓子の中に、「吉原」というお菓子があるのも興味深い。山形の菓子にも「でんちゅう」や「でんちょ」という名の、似た菓子がある。

行事とお菓子

①水戸・梅まつりと梅の菓子

　梅で知られる偕楽園は、「民と偕(とも)に楽しむ」という趣旨で、1842（天保13）年に9代藩主斉昭によって作られた日本三名園の1つである。約13haの園内に、100種300本の梅が植えられ毎年2月末から3月末に「梅まつり」が開かれる。梅まつりの最初は1896（明治29）年で、上野・水戸間の鉄道開通がきっかけであった。

　梅は花を愛でるだけでなく、非常食用の梅干し製造が目的であったが、梅の殺菌性や防腐効果から梅のお菓子も生まれた。

　銘菓「水戸の梅」は、赤紫蘇の葉で餡入りの求肥(ぎゅうひ)を包んだものだが、赤紫蘇の葉は梅酢漬けであるのが特徴。この菓子の由来は諸説あるが、原形は藩主斉昭ゆかりの幻の菓子「星の梅」ともされ、その後明治20年代（1887～96）に今日のような「水戸の梅」が開発された。なお、水戸の亀印製菓は1852（嘉永4）年創業の漬物商であった。

②剝け節供(むせっく)の小麦まんじゅう

　6月1日は衣替えだが、昔は「剝け節供(せっく)」「剝けの朔日(ついたち)」「衣脱ぎ朔日(きぬぬ)」といい、ヘビや人が皮を脱ぐ日とされた。そして「桑畑に入るな」といわれ休養日で、新小麦の粉で「剝けまんじゅう」を作ったり、この日「皮が白く長く剝けるように」と、うどんを食べる。江戸時代の水戸城下では、小麦まんじゅうを売り歩く光景がみられたという。

③結城・健田須賀神社(たけだすがじんじゃ)の「茹でまんじゅう」

　結城紬の織物の町・結城の夏祭りに欠かせないのが「茹でまんじゅう」である。今は「結城名物茹でまんじゅう」として、いつでも和菓子屋で売られ、食べることができる。だが、かつては旧暦6月11～18日に行われた「祇園さん（牛頭天王）」の祭りで、疫病退散のため、家々で新麦の小麦粉を使い作られた。祭りは新暦になって7月21～28日に行われ、最初

の日を「おいで」、終わりの日を「おかえり」といった。「おいで」には神様の乗られた神輿が各家の前を通る時、作られた饅頭を囲み、家族や親類が集まり神様を迎えるのである。「おかえり」にも饅頭を作った。

茹でまんじゅうは、小麦粉を水で捏ね、発酵させずに捏ねた生地で餡を包み、沸騰した鍋や釜の湯の中で茹でる。ハラギレといって餡が飛び出してなかなか上手にいかないので、家で作る時はソーダ饅頭に替わっている。

祭り当日の菓子店の店頭には、神輿がやって来る時間に合わせて予約をしていた人たちが、注文品を受け取るため長い列を作っている。今も昔も神様には、「出来たてほやほや」をお供えする風習は変わっていない。

④お盆のばらっぱ餅

ばらっぱは、サルトリイバラ、山帰来ともよばれる蔓性の落葉低木で、地方名がたくさんある。昔のクッキングペーパーで、饅頭や餅を包む。県北では盆の14日に搗きたての餅をこの葉に包んで供える。ばらっぱは魔除けともいい、この木の箸は中気除けともいわれる。

知っておきたい郷土のお菓子

- **水戸の梅**（水戸市）　水戸の銘菓。品のよい白餡を薄紅色の求餅で包み、さらに蜜漬けした紫蘇の葉でくるんである。紫蘇の香りが味わうほどにふくよかである。水戸の梅菓子の代表格・亀印本舗は、1852（嘉永5）年創業の梅干しなどの漬物商で、2代目が菓子作りを始めた。

- **のし梅**（水戸市）　水戸銘菓の1つ。梅肉に砂糖、寒天を加えてゼリー状に延ばし、短冊に切った2枚の竹皮に薄く挟んだ爽やかな菓子。

- **みやびの梅**（水戸市）　亀印本舗の水戸の現代の梅菓子。青梅を蜜漬けにして白餡で包み、さらに薄緑の求肥でくるんだ銘菓。

- **梅ふくさ**（水戸市）　特製の白餡を赤紫蘇の葉でくるみ、ピンク色の羽二重餅で包んである。梅の香りが漂う上品な逸品。亀印本舗製。

- **吉原殿中**（水戸市）　前出参照

- **大みか饅頭**（日立市）　漉し餡入りの薯蕷饅頭で日立市の名物。大みかは地名だが、古代を物語る名で「大甕」と書き、神を祀る場所の意か。

- **常陸風土記**（鹿嶋市）　鹿島神宮の御膝元鹿嶋市の丸三老舗の銘菓。粒餡を寒天でゆるく固め、求肥餅を包んだ上品な物で昭和天皇献上の逸品。

- **がままんじゅう**（つくば市）　ガマの油売りといえば筑波山が発祥地。

ガマ（蟇蛙^{ひきがえる}）の表情を人形焼き生地で焼き上げた、つくば市沼田屋の名物饅頭。

- **なべやの粽**（常陸太田市） 前出参照
- **御前菓子**（常陸太田市） 水戸徳川家２代藩主・徳川光圀公が晩年の10年間に『大日本史』の編纂を行ったのが西山荘。広大な敷地に光圀公が移植した熊野杉が天を覆うばかり。建物は1819（文政２）年の再建だが、敷地内は光圀公時代を偲ばせ、四季折々の風情がある。その西山荘の四季の姿を徳川家15代当主が和菓子に表現したもので、西山荘で販売されている。
- **お菓子博物館**（水戸市） お菓子の歴史に関する資料やお菓子の種類、製法、エピソードなど情報満載のアミューズメント博物館。２階には四季の行事菓子や水戸三公（光圀、斉昭、慶喜）に因む菓子の展示がある。

乾物 / 干物

干し芋

地域特性

　関東地方の北東部に位置するため関東平野を一望でき、県庁所在地に水戸市を配し、歴史的に徳川水戸藩常陸の国として、今日に名を馳せている。霞ヶ浦、北浦、牛久沼と太平洋沿岸に面し、暖流から大洗海岸、那珂湊からの魚介類も豊富である。

　また、日立市、ひたちなか市の工業をはじめ、大きな産業を持っている一方、筑波学園都市、つくばエクスプレスに見る新しい都市作りが進んでおり、筑波未来構想が功を奏している。関東平野の最高峰、筑波山山麓は首都圏の大消費地の近郊に立地し、野菜の産地として、さつま芋、落花生など、また梨など広く果樹園芸が盛んである。

知っておきたい乾物 / 干物とその加工品

凍りこんにゃく（凍り蒟蒻）

　こんにゃくを凍らせて水分を抜き、乾燥させた製品。こんにゃくの原料であるこんにゃく芋は、東南アジアから中国を経て日本の丹波（現京都府、兵庫県）に伝来した。丹波からもたらされた凍りこんにゃくの製法は、江戸中期（1858年）に常陸の国の中島藤右衛門が粉こんにゃくの製法を開発したことで水戸藩の財政上の理由から奨励され全国に広がった。

　文献によると、凍み豆腐より100年ほど早く出回り、精進料理に使われている。こんにゃくの原料であるこんにゃく芋は、サトイモ科の多年草で、火山灰土を含んだアルカリ性の土地で育つ。こんにゃくの生産量が一番多いのは群馬県である。凍りこんにゃくは後述する常陸太田市天下野町（けがのちょう）でも、今は高齢化現象もあり、作られている農家は数軒しかない。

　茨城県天下野町で真冬の農閑期に作られた凍りこんにゃくは、戦後、厳冬期の作業の困難さや高齢化により生産農家が減ってしまったが、伝統文化を守るべく製造が再開され、天下野の水と日照の多い冬の短期間のみ生

産されている。カロリーがゼロで繊維質やカルシウムを多く含み、湿度に注意すれば何年も賞味できる保存食品である。

<製造方法>

① こんにゃくを薄く切り、石灰水に浸ける。

② 田畑に藁を敷き詰め、約3mmの厚さでハガキ大に切ったこんにゃくを丹念に並べ、水をかける。

③ こんにゃくは夜から朝方にかけて凍る。その後、昼間の直射日光を当ててゆっくり解凍させて、水をかける。

④ この作業を約20日間繰り返すうちにこんにゃくの水分が抜け、スポンジ状になる。色も灰色から白色に変化してくる。

⑤ 仕上げにしっかり乾燥し、保存する。

<栄養成分>

カロリーはゼロで、繊維質やカルシウムを多く含む加工食品である。

<保存と利用>

水にぬらさずに保存すれば何年たっても食べられる。利用するときは前もって水に浸け、柔らかくなったら石灰分が出るようによくもみ出し、水をしぼっておく。醤油、砂糖、みりんなどで味付けをしたり、てんぷら、フライ、吸い物の具などに使う。

最近は洗顔用のスポンジとしても市販されている。こんにゃくの主成分であるマンナンの作用が美肌効果をもたらすという。

常陸秋蕎麦（ひたちあきそば）　茨城県北部の常陸太田市は蕎麦の名産地である。打ち立ての蕎麦を具だくさんのけんちん蕎麦、大根、長ネギ、ゴボウ、サトイモ、豆腐、芋がらを菜種油で炒めたけんちん汁で食べる。常陸太田市の旧金砂郷（かなさごう）地区で古くから栽培されている在来種ブランド「常陸秋そば」は、香りが高く、関東地区では大変人気の蕎麦である。

きぬの波小麦　関東107号を母とし関東100号（バンドウワセ）を父として育成された品種で、農林61号より栽培性に優れ、アミロース含有率がやや低く、うどんの粘弾性を優先させた品種である。

天下野町（水府村）の山の斜面に広がる畑では、夏の初めに小麦を収穫する。穂を落とさず茎から刈り、昔ながらの穂田がけをして、天日干し乾燥させる。干している間にも追熟して味が濃くなる。手刈り天日干しは今では少なくなった。県推奨品種「きぬの波」の小麦はつるつる、しこしこ

の食感と味のよさがあり、色はやや黒味を帯びているが、黄金色の光がある。滑らかで力強い小麦は、甘みとともに野性味もある。

干し芋

ヒルガオ科の多年草であるさつま芋を蒸して切り、乾燥した製品。干し芋の始まりは、1809（文化6）年ごろに大藤村（静岡県磐田市）の大庭林蔵と稲垣甚七がさつま芋を蒸して厚切りにして乾燥させる製法を発明してからだといわれている。1908（明治41）年に、茨城県那珂湊市（現ひたちなか市）での生産が始まった。茨城県で干し芋の製造を始めたのは、せんべい屋の湯浅藤吉だといわれている。

秋の味覚の代表であるさつま芋は糖質が高いが、体内に入ると糖質分解酵素が働く。皮の部分は黄色をしており、カロチンとビタミンが多く、熱に対しても強い。さつま芋を食べると胸焼けを起こしやすい人は、皮ごと食べると体内で発酵が抑えられて胸焼けが起こりにくいという。茨城県では、食物繊維が多いことから、さつま芋が学校給食にも使われている。

一般的には乾燥芋、芋切り干しなどの呼び名がある。静岡県なども産地である。愛媛県宇和島では「東山」、長崎県では「かんころ」、熊本県や鹿児島県では芋をスライスする機械をコッパケズリ、コッパキリなどと呼ぶことから「こっぱ」と呼ばれているが、いずれも干し芋である。

さつま芋は繁殖力が強く、栽培方法も比較的簡単で、収穫量の多いでんぷん食品であったことから、日本各地で作られるようになった。春先に親芋から芽が出て10cmほどになったら、茎を土中に差して植える。夏が過ぎ秋になると収穫となる。埼玉県川越市近郊などでは、芋の加工菓子がたくさん売られている。

茨城県ひたちなか市や阿字ヶ浦は土壌がさつま芋に適しており、冬に強い海風が吹く乾燥した気候も干し芋の生産に向いている。また北海道、東北に出荷するのに地の利があることや、大都市に近いことなどから、現在は有名な産地となり、人気がある。干し芋の原料となるさつま芋の品種には、玉豊、べにはるか、ほしこがね、ほしキラリ、いずみ種、玉乙女、紅まさりなどがある。主力の玉豊は、他の品種と比べて大型で、外皮も肉も白く、食感がネットリしている。生では白いが、干すとやや飴色に変わる。

＜製造方法＞

秋に収穫された原料芋は土が付いたまま寝かして保存する。干す作業に入るのは寒風の吹く11月後半から翌年3月にかけてである。

① 蒸す前に芋をよく洗い、大きさで選別してせいろに並べて蒸す。

② 蒸した芋は1つずつ丁寧に皮をむく。

③ 蒸して皮をむいた芋は、芋つき台でスライスする。つき台にはピアノ線、ステンレスの針金を張り、平干し芋は9〜12mm幅に、角きり芋は2cm角にスライスする。

④ スライスした芋はすだれに並べ、天日で1週間ほど乾燥する。丸干しの場合は20日間ほどかかる。

飴色で白粉が吹いて甘い香りと甘みがあり、やや柔らかいものを選ぶ。

白粉は、天日乾燥し熟成すると表面に発生する麦芽糖の結晶である。コレステロールを含まず、食物繊維が多い。ビタミンB_1、ビタミンC、カリウムなどを豊富に含んでいる。

乾燥し過ぎると固くなり、乾燥が不十分だとカビが発生するので、保存するときは湿度管理が重要である。強い直射日光を避け、水分が分離しないよう低温保存か冷蔵庫保存が好ましい。冷凍すれば長期間保存が可能である。固くなったら、焼くとおいしく食べられるが、熱がさめると再び固くなる。最近はカビを防ぐために窒素ガスや脱酸素剤を封入した包装品がある。

納豆大豆

有名な水戸納豆は旧徳川35万石の城下町水戸で採れる。大豆は小粒の上質なもので、旧水戸藩では土質によく合うことから多く生産されるようになった。茨城県の畑作農業の奨励品種として、県の大豆作付け面積の約半分を占めてきた「納豆小粒」。最近は販売不振や需要の汎用性から、「タチナガハ」「ミヤギシロメ」「スズマル」などの品種も多く登場している。

茨城県産麦

畑作麦の奨励品とされる小麦は、「さとのそら」「きぬの波」「ゆめかおり」、六条麦は「カシマムギ」「カシマゴール」、二条麦は「ミカモゴールデン」などがある。それぞれが品種改良種であるが、特作品種で幅広い需要の喚起を指導している。

むかご

山芋の葉の付け根に生ずる珠芽で、秋の素材として、季節に合わせてご飯などとの炊合せ等で楽しむ食材である。

Column：凍みこんにゃく

　天下野町の生産者中嶋さんは毎朝、前夜に凍ったこんにゃくを溶かすため、2回水をかけ、あとは次の夜間に再び凍らせるために止め水を1回、さらに5日目ごとに、並べたこんにゃくを1枚1枚、下の藁の節に接した部分が腐らないように裏返しているという。風や寒さとの戦いでは忍耐力が必要だ。

Column：そばの品種

　蕎麦は栽培の時期によって夏蕎麦と秋蕎麦、そして間に春蕎麦の3種類があり、日本で一番多く栽培されているのが北海道産「キタワセ」である。夏型で、9月ごろ新蕎麦として出てくるので、人気が高い。9月下旬から出てくる在来種では、東北地方青森県、秋田県、山形県に多い「階上早生」、長野県をはじめとする本州高冷地では「信濃1号」、茨城県では11月ごろに収穫される「常陸秋蕎麦」などが知られている。ほかにも、在来種としてその地域だけで栽培されている種類が全国各地に存在し、「牡丹早生」「キタユキ」「最上早生」「福井在来」「高知在来」「鹿屋在来」「みやざきおおつぶ」「信州大粒」「でわかおり」など多くの品種がある。さらに、ルチンの含有量が多いことから、中国の四川省あたりの「ダッタンそば」も出回っている。

Ⅲ

営みの文化編

水戸の梅まつり

伝統行事

地域の特性

　茨城県は、関東地方北東部にあり、首都圏の一角を占める。北部は阿武隈高地・八溝山地などの山地で、南部を流れる利根川が千葉県との境をなす。その下流域は、湖沼地帯である。県中央には常陸台地が広がる。太平洋岸の北部は崖地が多く、磯の魚介類に恵まれている。南部は平坦な砂丘海岸が続く。

　気候は温暖で、広い耕地面積をもち、全国有数の農産県である。なかでも、米と野菜の栽培が盛んで、東京・横浜という大消費地を控えた食糧供給基地としての機能を果たしている。

　河川や湖沼が多いという地形上の制約だけでなく、江戸時代には水戸藩を除けば小藩が分立し、大規模な開発が行なわれなかった。その一方で、結城紬や北部山地の和紙、土浦や石岡の酒・醤油などの特産品が生まれ、河川や運河を利用した水運によって各地に輸送された。

　近年は、鹿島臨海工業地帯、筑波学園都市などの大規模開発が行われてきたのは周知のとおりである。

行事・祭礼と芸能の特色

　茨城県は、関東でいちばんの農産県であった。したがって、農耕儀礼もよく伝承されてきた。たとえば、4月8日に山から田の神を迎える習俗が広くみられた。県北や県西の一部では、この日に田の神迎えの山登りをした。また、この日は、オシャカサマのオミダといって、田に入ることを禁じることも各地に共通していた。

　10月10日をカリアゲとかノウアゲといって、田の神が山に戻る日とするのは、とくに県西部にみられた。しかし、高度成長期以降は、急速にそうした行事が後退したのは残念なことであった。

　伝統的な民俗芸能は、関東全体に少ない傾向にあり、茨城県もその例外

ではない。

金砂田楽
（かなさ）

田楽とは、豊年予祝（よしゅく）を目的として笛・太鼓を鳴らして歌い舞った田遊びが芸能化したもので、その起源は平安時代ごろまでさかのぼれる。

金砂田楽は、近江国、日吉権現（大津市）の田楽が伝えられたものといわれる。東西両金砂神社（常陸太田市）の祭礼（西金砂神社の大祭は73年目ごと、小祭は7年目ごと。東金砂神社の例祭は、毎年旧正月3日）に演じられる。西社の金砂田楽は、斎竹（いみだけ）を立て注連縄（しめなわ）を張った2間半四方の仮設の舞台で演じられる。また、東社のそれは、境内にある田楽堂（2間×3間）で演じられる。

東社でのそれは、「四方固」「獅子舞」「巫女舞（みこ）」「三鬼舞（さんき）」、西社でのそれは、「四方固」「獅子舞」「種蒔（たねまき）」「高足」。それぞれ4段から成る。「四方固」と「獅子舞」は両社に共通する。

「四方固」は、神を先導する猿田彦（さるだひこ）が、太刀、柄太刀、大鉾（ほこ）、筥祓（はこばらい）を持って四方を固め天下泰平を祈願する。力強く大地を踏みしめる動作と大鉾で四方を突く動作が特徴で、地固めの意味をもつ。「獅子舞」は、大国主命（おおくにぬしの）（みこと）（赤髪の笑面）が鈴を鳴らしながら粗暴な神（獅子面）を鎮める。獅子がそりのそりと這いまわる所作は、田ならしの仕草とされ、田楽のもっとも重要な要素のひとつとされる。

「巫女舞」は、前段で粗暴な神を鎮めたのち、神慮を慰める舞で、巫女の面をつけ、白衣に緋袴、緋の単衣（ひとえ）の上に舞衣を着て両手に鈴を持って舞う。「三鬼舞」は、赤鬼・黒鬼・青鬼が楽曲にあわせて荒々しく舞う。

西社の「種蒔」は、「蓮葉踊」ともいわれる。全身白装束で蓮の葉のような笠をかぶり、前にかがんだ姿勢で舞う。2人がびんざさら、2人が小鉾、1人が笏拍子（しゃく）を持ち、舞台中央で四方に向きを変えながら舞う仕草は苗代（なえ）（しろ）の種蒔きを表わしたものである。途中で舞人が舞台をまわりながら籾種を蒔く。この籾を苗代に蒔くと豊作になるといわれ、見物人は競って拾い集める。「高足」は、曲芸的要素のある演目で、鬼の面をかぶり腰に太刀飾りをした舞人が、紅白の布を巻きつけ十字のかたちをした高足、羽団扇（うちわ）を持って舞う。国家統一を達成した喜びを表現した舞とされ、舞台四方を

めぐり、中央に戻って高足に乗って跳ぶ仕草をする。これは、春に新たな大地の生命力をよみがえらせる願いがこめられているとされる。

　なお、東西両社ともに、昭和35（1960）年に茨城県の無形民俗文化財に指定された。また、昭和46（1971）年には、国より記録作成等の措置を講ずべき無形民俗文化財の指定を受けている。

水戸梅まつり

　毎年2月下旬から3月下旬にかけて、偕楽園（水戸市）を中心に開催される。偕楽園は、天保12（1841）年に水戸藩主徳川斉昭によって造園が開始され、翌13年に開園した。広さは約13ヘクタール。100種300本のウメが植えられている。

　水戸梅まつりは、明治29（1896）年に上野と水戸のあいだに鉄道（常磐線）が開通し、観梅列車が運行されたことがそのはじまり、という。それまでは、水戸を訪れる人は少なかったが、鉄道の開通により水戸のウメが有名となって観光客が増えたため、観光客へのもてなしのひとつとして行なわれるようになったのが梅まつりなのだ。歴史は古くないが、茨城県を代表する行事となって久しい。

筑波山御座替祭

　筑波山は、霊峰として古くから山岳信仰の中心であり、御山として崇められてきた。筑波山神社（つくば市）は、この御山そのものを御神体としており、男体山と女体山の2峰それぞれにイザナギ・イザナミの両神を祀る。両神は、春には、御山から里に下り、農作を見守り、秋に再び山に帰る、とされる。その春と秋の2回（4月1日と11月1日）行なわれる神事が「御座替祭」である。男女2柱の神座を筑波山神社奥の院と麓にある六所神社（里宮）のあいだで移しかえたことから「御座替祭」と呼ばれるようになったのである。

　御座替祭には、大小2つの神輿が出る。大きい神輿は町内の仮屋に神幸し、小さい神輿は神衣の櫃とともに山頂に登る。この日、山麓の村里では仕事を休んで祝う風を伝えている。

日立風流物

　日立市に伝わる、可動・変形する大きな山車と、その上で演じられる操り人形（からくり人形）芝居をいう。山車は、昭和34（1959）年、国の重要有形民俗文化財に、また操り人形芝居は、昭和52（1977）年、国の重要無形民俗文化財に指定された。さらに、平成21（2009）年には、ユネスコの世界無形文化遺産へ記載されている。

日立風流物は、かつては宮田風流物と呼ばれた。元禄8（1695）年、徳川光圀の命により行なわれた神峰神社の例大祭に山車がくり出されたことにはじまり、享保年間（1716～36年）に人形芝居が加えられ、今日のからくり仕掛けの山車に発達した、と伝わる。

　その山車は、高さ15メートル、幅3～8メートル、奥行7メートルと巨大で、中に約10人の囃子方と30人余りの操り人形の操り方が乗りこみ、それを200人以上で牽引する。

　山車は、六層構造で、第一層には囃子方や操り方が乗りこむ。山車の正面の第二層から上を「館」と呼び、五層の唐破風造りになっている。館の第二層は大手門と呼ばれ、手前に倒れる構造になっている。第三層から第六層までは昇降機構（カグラサンと呼ばれる）によってせり上がった後に左右に開いて、大きな逆三角形をした五段の雛壇となり、操り人形芝居の舞台となる。

　だしものは、「源平盛衰記」「太平記」「仮名手本忠臣蔵」「太閤記」など。人形は、だしものによってそのつどつくり替えられる。各段には、それぞれ2～3体の操り人形が配されている。ひとつの人形芝居が終わると館は回り舞台となって回転。山車の後部であった「裏山」を舞台として、また別の人形芝居が行なわれる。こうした操作は、すべて山車内部の綱によって行なわれている。綱の操作によって山車の変化と人形の動きが複合的に行なわれるのは、他に類例をみないものである。

　なお、日立風流物は、かつて宮田地区の鎮守である神峰神社の例大祭（5月）に奉納されてきたが、昭和63（1988）年以降は、毎年4月の第2土曜と日曜に開催される「日立さくらまつり」で披露されている。

鹿島御神幸祭（ごしんこう）

　9月1日から3日にかけて行なわれる鹿島神宮（鹿嶋市）の例大祭。1日を御軍祭（みいくさまつり）、2日を御船祭（おふなまつり）とも呼ぶ。御船祭は、応神天皇の時代（5世紀前後）に行なわれるようになった、と伝わる。戦国の混乱によって室町時代に大祭としては一時途絶えたが、明治3（1870）年に数隻の船によって再興され、明治20（1887）年には午年ごと（12年に一度）の式年大祭として定められた。水上で行なわれる御船祭としては、日本最大の規模を誇る。

　1日の午前、本社で祭典が執り行なわれ大和舞が奉納される。夕方には境内で大きな篝火（かがり）が焚かれる。その日、鹿島全町の家々では、青竹に提

灯を提げる。大きな青竹にたくさんの小提灯をつけて町を練り歩く人たちもいる。そして、小提灯を境内の篝火に投げ入れる。火中からこの提灯を持ち帰ると厄除けになるといわれ、群衆が争って取るのが恒例になっている。そのため、俗に提灯祭りとも呼ばれる。その夜、神幸式があり、篝火の燃えさかるなかを神輿が本殿を出て行宮に入る。大鳥居の前で神輿を待っていた山車が一斉に囃子を入れて華やかな夜まつりが繰り広げられる。

2日は早朝、神輿が行宮を出て、猿田彦命・天宇受売命に先導され、大船津に到着。ここで神輿は、龍頭の飾りなどを施された御座船に載せられ、船団を組む数十隻の供奉船に守られながら水上渡御し、香取市加藤洲に至る。そこで香取神宮・小御門神社の御社船も集まって奉迎祭が行なわれた後、還幸式となる。還幸の際は、潮来・津和・延方の船場に立ち寄り、夕方大船津に戻る。そして、上陸後は、行列を整え鹿島町内を巡回し境内に還御。そこで大和舞や獅子舞が奉納される。町内の8つの屋台は、参道で鹿島囃子を囃した後、町内をにぎやかに練り回る。

3日は、午後から還幸祭が行なわれ、陣笠・陣羽織姿の供奉員が、それぞれ神宝を捧げて神輿に随行し、本殿に返して鎮座祭を行なう。

ハレの日の食事

霞ヶ浦や利根川などに近いところのまつりや正月の料理には、淡水魚の料理が食される。たとえば、フナの塩焼き、フナの昆布巻、フナのなます、フナの白ぬたなどが各家庭に伝えられている。

また、かつて武士のあいだでは、塩引き魚で正月を祝う習わしがあった。塩引きは塩ザケのことである。農家の正月は、焼きたての餅に納豆を挟むかつけながら食べる納豆餅が多くみられた。

根菜類とサケの頭を煮込んだ「すみつかれ」は、初午に食べられる祝い膳である。

「お事汁」は、小豆と根菜類を入れた味噌汁で、水戸周辺の事始めと事納めにつくられた。

そのほか、秋まつりには、広く栗おこわや栗きんとんがつくられたものである。

寺社信仰

鹿島神宮

寺社信仰の特色

　茨城県は古くは常陸国とよばれ、その国府・国分寺・総社は石岡に置かれていた。そこへ至る道が直道であることから常陸と名付けられたという。常陸國總社宮の大祭「石岡のおまつり」は関東三大祭りとされ、今も多くの人々で賑わう。

　常陸は雄大な太平洋から昇る旭日を拝する適地でもあることから、日立とも解された。大洗磯前神社、酒列磯前神社、東国三社の息栖神社など、東方瑠璃光浄土の薬師如来を本地仏とした神社も少なくない。

　御来光を拝めるとして初詣に人気の筑波山は、常陸三山の筆頭に挙げられ、中禅寺の跡地に建つ筑波山神社や、坂東25大御堂が多くの参拝者を集めるが、かつては北に続く足尾山や加波山とともに天狗信仰の霊場でもあった。平田篤胤は岩間山十三天狗、筑波山三十六天狗、加波山四十八天狗と書き残している。岩間山は笠間市の愛宕山のことで、十三天狗に罵声を浴びせる「悪態まつり」は日本三大奇祭に数えられる。笠間市には日本三大稲荷の笠間稲荷（胡桃下稲荷）も鎮座する。

　常陸一宮は鹿嶋市の鹿島神宮で、二宮は那珂市の静神社、三宮は水戸市の吉田神社とされ、いずれも名神大社の由緒をもつ。鹿島神宮は鹿島信仰の総本社で、他に県内には全国の総本社として、絹笠（衣襲）明神の蚕霊山星福寺（神栖市）や、蚕影明神の蚕影山神社（つくば市）がある。

　県内には比較的寺院が少ないが、それは水戸光圀と徳川斉昭による二度の寺院整理の結果ともいわれる。明治維新の精神を導いたとも言われる2人は、今は水戸市の常磐神社で祀られている。

　茨城県には日本民俗学の原点として有名な徳満寺（利根町）もある。間引き絵馬のほか、日本最古の十九夜塔も蔵している。本尊の子育て地蔵と、その開帳である地蔵市が人々を集めてきた。近くには柳田國男記念公苑があり、國男の少年期を知ることができる。

凡例　†：国指定の重要無形／有形民俗文化財、‡：登録有形民俗文化財と記録作成等の措置を講ずべき無形の民俗文化財。また巡礼の霊場（札所）となっている場合は算用数字を用いて略記した

主な寺社信仰

神峰神社 （かみね）

日立市宮田町。神峰山（ひたち）の頂に本殿（山宮／奥の宮）が、10kmほど離れた麓の稲荷の森に里宮（遥拝殿）が建ち、伊邪那岐命・伊邪那美命・熊野橡樟日命（くまのくすびのみこと）の3柱を祀る。1695年に水戸光圀が当社を宮田・助川（すけがわ）・会瀬（おうせ）3か村の総鎮守と定め、神幸祭を催したのが7年に一度行われる大祭礼の始まりという。1991年以前は不景気時に「世直し祭」として行われていた。本殿から神霊を宿す神鉾（かみほこ）を里宮に迎え、これを稚児が持して役馬（えきば）に乗り、荒屋神社、宮田浜の宮、助川鹿島神社、会瀬鹿嶋神社、会瀬浜の宮を巡幸する。この渡御を出迎えるのが、ユネスコの無形文化遺産とされた〈日立風流物（ひたちふりゅうもの）〉†である。高さ15m・重さ5tの巨大な山車で、前方に青竹と花笠を、背面に岩山（からはふ）の姿を残す。5層の唐破風造りの屋形（だし）では、源平盛衰記や忠臣蔵などの操り人形芝居が演じられる。

西金砂神社 （にしかなさ）

常陸太田市上宮河内町（ひたちおおた・かみみやかわうちちょう）。常陸7郡の総社。金砂山（西金砂山）の頂に鎮座。天台沙門宝珠上人が山中に比叡山延暦寺を模した七堂伽藍（がらん）を建立し、日吉山王権現を勧請（かんじょう）したのが始まりという。谷を挟んで東向かいには、源頼朝が「金砂攻め」の後に伽藍を移したという東金砂山があり、近世には西は神の山、東は仏の山とよばれた。7年目ごとの小祭と72年に一度の大祭では、往時の金砂修験の神楽を伝える〈金砂田楽〉‡が奉納されている。種子蒔（たねまき）と一本高足（いっぽんたかあし）の曲を伝え、東金砂神社の陰の田楽に対する陽の田楽であるという。大祭は磯出（いそで）ともよばれ、数百人の大行列が日立市にある水木の浜へと渡御する。巡幸は7日間で、天下野や中染（けがの）、増井の正宗寺（ましい）（旧別当）、馬場八幡宮を経て水木浜に到り潮垢離（しおごり）の神事を行い、上宮合や下宮の金砂本宮（旧社地）を経て戻る。

那珂湊天満宮 （なかみなとてんまんぐう）

ひたちなか市湊中央（みなと）。海上から浜辺に降臨した菅原道真の霊を祀ったのが始まりという。中世には真言宗の北野山泉蔵院が社職で、十一面観音像を安置していた。所蔵する瀬戸緑釉狛犬（こまいぬ）は室町時代後期の作で、鹿島神宮および香取神宮に伝わる古瀬戸の狛犬に類似する。1695年に水戸光圀が社僧と仏像を廃し、柏原明神（現橿原神宮）（かしはら）の社守を社職として道真像を安置、水戸東照宮に倣う祭式とした。8月の祭礼は、神輿が町を巡幸した後に浜下りし、海中に入ってもみ合う勇壮なもので、湊八朔祭（みなとはっさくまつり）と親しまれる。神輿には各町の風流物屋台

が供奉し〈那珂湊の獅子とみろく〉‡などを演じて賑わう。獅子は雄・雌・子の三頭獅子舞（ささら）、みろくは赤（鹿島神）・青（春日神）・白（住吉神）の３体の弥勒踊（みろくおどり）で、いずれも木偶人形の素朴な操法で演じられる。

稲荷神社（いなり）

水戸市大串町。地元の人見氏が大字山海の地に小祠を建て、倉稲魂命を勧請したのに始まるという。周辺には大串古墳群が分布し、古い霊地であった。一時、水戸光圀が他所へ遷したが、1702年に旧跡へ復し、近隣21村の総鎮守となった。1707年には水戸３代藩主徳川綱條が、総漆塗り葵紋の神輿、日天・月天の鉾、四神の旗を寄進している。水戸徳川家の守護神とされ、社殿は水戸城下を向く。例祭は11月23日で、底無し屋台の人形戯、〈大串のささらと大野のみろく〉‡が奉納される。昔は古宿が露払い、大串が散々楽、下大野が弥勒、大場が稚児を出し、神輿と日月の鉾と四神の旗が21か村の村旗とともに水戸下市七軒町広小路荒神鳥居前の仮殿（おけぐしまち）まで神幸し、大串祭として大いに賑わったという。大野の弥勒は、青が鹿島様、赤が香取様、黄色が春日様という。

鹿島神宮（かしまじんぐう）

鹿嶋市宮中。皇紀元年創建と伝え、日本建国の神、武甕槌大神（たけみかづちのおおかみ）を祀り、日本の要石（かなめいし）を守る。風土記では同神と、坂戸社の天児屋根命（あめのこやねのみこと）、沼尾社の経津主大神（ふつぬしのおおかみ）を合わせて香島乃大神としている。全国の鹿島神社の総本社で、奈良の春日大社も分社である。神職の家からは鹿島新当流（かしましんとうりゅう）の祖、剣聖塚原卜伝（ぼくでん）が出た。国宝の直刀は全長224cmで、布都御魂剣（ふつのみたまのつるぎ）を擬してつくられている。地元では毎月定期的に女性が集い、鹿島神宮と地区内の神々に〈鹿島みろく〉‡の歌舞を奉納している。神奈川県や静岡県の鹿島踊はこの芸能との共通点が多い。例祭は９月で、大提灯焼納や神輿巡幸、神楽舞、鹿島踊などが催される。３月９日には防人（さきもり）の鹿島立ちを再現したといわれる〈鹿島の祭頭祭（さいとうさい）〉‡が行われる。新発意を先頭に勇壮な囃子が奉納され、最後は若衆が斎庭（ゆにわ）で大豊竹（だいほうだけ）と万灯（まんどう）を叩き壊す。

素鵞熊野神社（そがくまの）

潮来市潮来（いたこ）。天王山に鎮座。潮来総鎮守。1877年に素鵞神社と熊野神社が合名して誕生した。両社は別の地にあったが、1696年に水戸光圀が一村一社の政策から当地へ遷して相殿とし、1843年にそれぞれ牛頭天王宮（ごずてんのうぐう）と熊野三社大権現という仏教色の強い名前から、神道色の強い社号へと変えられた。８月の例大祭は祇園祭とよばれ、初日に天王様と権現様の神輿が出御する御浜下り、中日に町内

渡御、最終日に御山上りが行われる。奉納される獅子舞は2人立ちで、大平楽など6種を勇壮に舞う。14台の飾り立てた山車には芸座連が分乗し、砂切や松飾などの〈潮来ばやし〉を奏でる。圧巻は「のの字廻し」や「そろばん曳き」の曲曳きで、若衆・山車・芸座連が一体となった様は見事である。

福寿院（ふくじゅいん）　　石岡市真家。仁王山不動寺と号す。白旗八幡神社境内から宥鑑が1602年に当地へ移転開山したという。昔、大和の長谷寺から旅僧があり、村人に伝えた風流念仏踊りが〈真家のみたま踊〉‡であるという。毎年8月の盆に行われ、提灯を先頭にした軍配やサイマラ、ビンザサラ、シャグマ、踊り子、囃子方（念仏衆）らの行列が、明円寺や全龍寺、戦没者忠霊塔、新盆の家々を回り、当寺で笠納めをする。踊り子は浴衣姿に赤・青・黄色の襷を纏い、御護摩を付けた花笠を被り、日の丸の扇を手に七月・二ノ谷・十六拍子を舞い、年寄りは念仏和讃を歌って霊を慰める。昔は御霊供養として村人が寺庭に参集し、夜を徹して踊ったという。明円寺の開山は山伏の弁円で、親鸞を殺そうとしたが逆に感化されて弟子となり、明法房として二十四輩の一人に数えられている。

大杉神社（おおすぎ）　　稲敷市阿波。高台に建つ。香取海の安婆島に立つ大杉を地元漁民が崇めたのが最初。大杉信仰の総本社で、アンバ様、安馬大杉大明神、阿波本宮とも称される。当地で疱瘡が流行したとき、日光の勝道上人が大杉に祈ると三輪明神が現れて収束したので祠を建てて祀ったと伝える。後に僧快賢が勝道の刻んだ不動尊像を安置し、安穏寺を開基したという。同寺には源義経の郎党、常陸坊海存（海尊）も住した。義経が修行した京都の鞍馬はアンバとも読まれ、奥宮には大杉大明神を祀っている。海存は容貌が天狗に似ていたという。江戸崎不動院の天海も住して、日光輪王寺・上野寛永寺と兼帯したという。10月の例祭では、ヒゲタ醤油の創業者が1617年に紀州から伝えた〈あんば囃子〉‡が奉納される。1725年に悪魔祓い囃子として江戸で流行し、各地に流布した。

八坂神社（やさか）　　龍ケ崎市上町。源頼朝の家臣で常陸南部を領した地頭の下河辺政義が、沼沢の地であった龍ケ崎の開拓にあたり貝原塚の領民を根町に移し、同時に貝原塚の鎮守を分祀して龍ケ崎の鎮守としたのが草創と伝える。1525年には稲敷市小野の逢善寺12世尊雄の子、考観法印が貝塚原から天台宗金剛山観仏寺般若院を境内に移し、諸堂を建

立して別当を務めた。1577年、龍ケ崎城主の土岐胤倫が第二干拓を行い、新たに誕生した8か町の中心地に当社を遷座した。7月下旬に行われる祇園祭では、最終日に関東三奇祭の一つ〈龍ケ崎の撞舞〉‡が斎行されている。般若院の前に建てられた仮屋に神輿が渡御し、その横に立てられた高さ15mの撞柱に、雨蛙の面を被った舞男が命綱なしで登り、逆立ちや綱渡りなどさまざまな妙技を披露する。頂上の円座では魔除けの矢を四方に放つ。

愛宕神社

つくばみらい市小張。伊奈台地の南端部に鎮座。1579年に只越善久が小張城を築いた際に守護神として勧請したのが始まりという。社殿の東には高さ1.5m、南北50mほどの土塁が残る。善久は多賀谷氏との戦で没したが、それは影武者で本人は岩手へ逃れ、子孫が出家して小張へ戻り西念寺の住職となったとも伝える。8月24日の例祭には〈綱火〉†が奉納されることから、境内には多くの露店が出て大変な賑わいをみせる。綱火は1603年に4代目の城主となった松下重綱が考案したと伝え、火薬の配合や技術は秘伝とされ、家元の大橋家が松下流として今に伝承する。8月23日の夕方は繰り込みで、手筒花火の一行が神社への石段を一気に駆け上がる。翌日は境内に張り巡らせた綱に操り人形を下げ、仕掛花火を添えて二六三番叟や舟遊山、間宮林蔵などの芝居を演じる。

五所駒滝神社

桜川市真壁町。山尾山(権現山)の麓に鎮座。昔、境内の滝から「馬が来る」との音が聞こえて間もなく芦毛の馬が出現し、石を踏み嘶いた奇瑞があったことから、滝の辺に小祠を建てて駒ヶ滝明神と崇めたのが始まりという。1172年には真壁郡の中心地として真壁城が築かれ、城の辰巳にあたることから鹿島神宮の分霊を祀って社殿が造営されたと伝える。以来、真壁氏の氏神となり、真壁氏累代墓地および墓碑群が近くに築かれた。後に笠間領主の祈願所となり、春秋の祭儀を執行した。江戸時代初期、真壁の町年寄と町名主が商いを発展させるべく、〈五所駒滝神社の祭事〉‡を夏に始めたと伝える。現在も大老・中老・世話人・月番などの伝統的祭祀組織を保ち、笠抜き式などを古式のまま伝承している。この夏祭りは大正時代から祇園祭とよばれている。

諏訪神社

結城市上山川。ユネスコの無形文化遺産「結城紬」で知られ、結木(木綿の木、楮)が生い茂る織物の里であった

結城郡の中心に鎮座する。上山川は水運の便により古くから開けた地で、8世紀前半には法成寺（結城廃寺）が創建され、700年続いた。結城氏の祖とされる藤原秀郷は、平将門の乱に際して当地に陣を構え、諏訪大明神を勧請して、弓引きの神事と神楽を行い、戦勝を祈願した。討伐後、明神の神徳に感謝して陣跡に社殿を造営し、弓引きに用いた鉄の矢尻を奉安したという。今も1月27日の破魔弓祭では矢が放たれ、4月3日の例祭では〈上山川諏訪神社太々神楽〉が奉納されている。神楽は、全員が免許皆伝の専業神楽師によって、五行の舞（四方固め）から大山ツミ（山の神）の舞に至る12座が舞われる。

伝統工芸

結城紬

地域の特性

茨城県は関東地方北東部に位置し、東は太平洋、西は栃木県に接し、平野部は利根川が貫流する。北西部にかけては八溝山や加波山、筑波山などの山々が連なり、山林資源のほか、鉱物資源も豊富である。県南の取手市は都心から40kmほどで、近年、東京藝術大学などの取手キャンパスを中心に産学協同の試みが盛んに行われている。

伝統工芸の特徴とその由来

真壁地方は古くから良質の御影石が産出され、灯籠などの石工芸が発達した。御影石は花崗岩に分類され、地中深いところでマグマがゆっくり冷え固まったものとされるが、笠間焼の原料の笠間粘土もこの花崗岩が風化してできたもので、可塑性に優れ、窯業の発達を促した。

北部の常陸大宮市では、天平年間（710〜84年）から続く西ノ内紙が生産されている。強靭さで知られ、水戸藩の大事業、全397巻に及ぶ『大日本史』編纂においても料紙として用いられた。一時は藩経済を支えるほどの重要な産業であったが、現在は3軒のみで、さらなる和紙の可能性に挑んでいる。水府提灯や雪村うちわなど、地場産業の材料としても欠かせない。

知っておきたい主な伝統工芸品

結城紬（結城市、下妻市、筑西市、結城郡八千代町、栃木県小山市ほか）

結城紬の特徴は撚りをかけずに真綿から手で引き出した手紡ぎ糸を地機で織り上げる軽くふっくらした着心地である。その歴史は古く、奈良時代にまで遡る。常陸国の特産物として朝廷に上納された布「あしぎぬ」は、

太い生糸で織った粗い絹織物で、結城紬の原型とされ、現在も奈良の正倉院に保管されている。鎌倉・室町時代には、常陸紬（ひたちぎぬ）の名で幕府に献上し、領主結城氏の名を取って結城紬の名が定着したとされている。江戸時代初期、代官になった伊奈忠次が信州上田から職工を招いて染めや織りの技術改良に努めたところ、結城紬の名は一層高められ、近代になってからは、さらに絣（かすり）織りの進歩で紬の最高峰と称賛される地位を保っている。

　結城紬の生産形態はもともと農家の副業であり、一家で糸をつむぎ、絣（かすり）を括（くく）り、織り上げるというものだった。撚りをかけずに真綿から手で引き出した無撚糸（むねんし）は世界に例をみないもので、この手紡ぎ糸の風合いを損なわず、糸に無理な張力をかけずに織り進めるために、地機（じばた）が用いられる。最も原始的な機で、経（縦）糸（たていと）を腰当てにつないで腰に伝わる張り具合によって調節しながら、緯（横）糸（よこいと）を筬（おさ）で打ち込み、代々使い込まれて手に馴染んだ大きな樫材の杼（ひ）でさらに打ち込む。

　1枚のきものを織り上げるには、約30kmの糸を手で紡ぎ出し、600gもある大きな杼で緯糸を3万回以上も打ち込む。今も、全工程がすべて昔ながらの手作業で行われており、特に糸紡ぎ、絣括り、織りの工程はユネスコ世界文化遺産に登録された稀有な技術である。この一連の動作は機と織り手が一体化していないと至難の技で、1反織るのに早い人で1カ月、細かな絣になると1年以上もかかる。なおかつ、絣括りは1mmの誤差も許されない厳しさである。

　昔は藍染めの縞模様が多く、丈夫で軽く真綿を1枚まとったような着心地こそ身上とされたが、戦後、高度経済成長の波にのって、どんどん付加価値が求められ、亀甲や十字で構成される精巧な絣文様が注文の多くを占めるようになった。膨大な手間と高度な技を注ぎ込んで、贅沢品として手が届かなくなりつつある一方、「三代かけて身に添うまで着尽くす」というあしぎぬの野趣を秘めた結城紬の今後は、きもの文化の行方を問う最前線といえる。

笠間焼（かさまやき）（笠間市、水戸市、常陸太田市、桜川市など）

「笠間焼は特徴がないのが特徴」とは、よくいわれる言葉である。鉄分が多く、焼成（しょうせい）すると茶褐色になるのが笠間粘土のもち味である。可塑性に優れて薄い器胎が挽ける、自由で大胆な造形が容易であるというのも優れた個性である。しかし、この土を

使って挑むさまざまな「顔」をもつことこそ、笠間焼の最大の特徴であると関係者一同は明言する。

　笠間は江戸時代から続く窯業地で、草創期は甕（かめ）や擂鉢（すりばち）などの台所道具を得意としたようである。その歴史は、安永年間（1772～81年）、箱田村（現・笠間市）の久野半右衛門が、信楽焼（しがらきやき）の陶工、長右衛門の指導で窯を焼いたことに始まる。跡を引き継いだ半右衛門の娘婿の瀬兵衛が長右衛門の弟・吉三郎とともに基礎を固め、200年以上にわたって師から弟子へ、親から子へと受け継がれてきた。

　茨城県のほぼ中央に位置するなだらかな里山に囲まれた集落であったが、窯業を重視した笠間藩主牧野貞喜（まきの さだはる）（1758～1822年）の積極的な保護奨励により、北関東を代表する窯場へと発展した。江戸時代後期の8代藩主貞直は、さらなる生産増と陶技継承を目指して、御用窯を定め、明治時代、大いに販路も広がった。しかし、不景気や大戦など時代の波に翻弄されて低迷し、戦後の樹脂や金属製品の台頭など生活様式の変化も追い打ちとなり存続の危機に陥った。

　1950（昭和25）年、窯業技術研究と人材育成を目的に茨城県窯業指導所が設立され、1963（昭和38）年から10年間、官民一丸となって全国の芸術家を誘致する事業を開始。作家用の団地を整備して多くの移住者を迎え、相互に交流を深めながら、日用雑貨から美術品に至るまで表現の多様性を追求して、新しいものづくりに挑んだ。「芸術の村」としてスタートしたこれらの工房は、いまや県立陶芸美術館も新設され、「笠間芸術の森公園」へと発展。現在も、200軒ほどの窯元や陶芸作家、販売店が切磋琢磨する自由闊達な風土は、伝統的な食器、洗練されたモダンインテリア用品、個性的で斬新な作品、大胆不敵なモニュメント、国籍不明のサイケデリックなタイルなど、さまざまな感性の作品が共存する特異な産地として人気を集めている。

桶・樽（おけ・たる）（水戸市、つくば市）

桶は木を柾目状に使い、半切りなど蓋のないもの、樽は木を板目状に用い酒樽や魚樽など運搬に便利なように蓋がはめ込まれたものをいう。

　「水戸やなかの桶」は、サワラやキリを材料にした昔ながらの木の香り漂う桶樽で、友部桶製造店によって継承されている。近年のヒット商品である小判型お櫃（ひつ）は工法が難しく、長年の技術研究の成果といえるもので、お

櫃の底に友部の焼き印と製造番号を入れる自信作である。ご飯を炊いてお櫃に移すと、木がほどよく水分を吸い、冷めた後でも電気炊飯器で保温するより数段おいしいというのが信条である。そのほか用途によって細かく材料を選定する漬物桶など妥協のない仕事ぶりで、みずから長野県の山林へ赴いて用材を確保している。

「とよさとの桶・樽」を伝えるのはつくば市で代々受け継がれた本橋桶店。この道60年の技術を駆使して、お櫃、飯台、漬物桶などの台所用品や茶道用の桶水指、花器、手桶など幅広くこなす。材料はサワラやキリで、木に備わる通気性や耐熱性といった機能的な特性だけでなく、白木ならではの品格を活かすように、入念に木取りを行う。木曾地区の山林が国有林になったため、全国各地に範囲を広げざるを得なくなったが、国産材にこだわるのは、お櫃や味噌樽など食の安全に直結するからである。

製造工程はどちらも大きな違いはなく、樽の木取りとタガ編み、組み立てからなる。寸法に合わせて割った板（樽）をつなぎ合わせ、荒削りして十分に乾燥させ、次に水分が抜けた頃合いを見定めて削り出しを行い、手触りよく滑らかに仕上げた後、竹タガを掛け、木口の仕上げ削りと面取りをして竹タガを磨くといった手順である。

真壁石灯籠（桜川市）

茨城県西部に位置する常陸三山（筑波山・加波山・足尾山）には、およそ6000万年前にできたといわれる石英、長石、黒雲母からなる良質の花崗岩（御影石）が産出され、「真壁石」や「常陸こみかげ石」と呼ばれ、堅牢で美しい。石材加工の歴史も古く、山麓の桜川市真壁地区では、鎌倉初期〜室町・戦国時代にかけて灯籠を始め五輪塔や石碑、仏石などが数多く残されている。ただし「真壁石灯籠」として確認できるのは、真壁町の密弘寺境内の1824（文政7）年、久保田吉兵衛作のものが最も古いとされ、同人によって技術、技法が確立された。

真壁石は、青みがかった白色で結晶が小さい。種類としては「中目」と「小目」に大別され、灯籠に使われるのは中目で、ざらっとした風合いが特長。この硬い石をいかに柔らかく、わび・さびのある味に仕上げるかが、職人の技といえる。石灯籠の各部の名称には、上から宝珠、笠、火袋、受、竿、地輪の6部がある。各部とも原石に墨出しして、おおよその形を整え、徐々に仕上げていく。接合にはほぞ接ぎや大入れを施し、しっかりと積み

上げる。完成に至るまでは、師弟相伝による数々の伝統技法が駆使され、使用される道具の種類も多い。

　明治時代以降は墓石や石塔のほかに建築用材としても脚光を浴び、採掘事業も本格化した。迎賓館の造成にも真壁石が使用されている。昭和に入ると鉄筋コンクリートの普及で建築用材としての需要は低下するが、1955（昭和30）年代には造園ブームが起こり、灯籠づくりが発展した。しかしその後、安価な韓国製や中国製の灯籠が市場に出回り、庭のある住宅が減少したことも相まって業界は厳しい状況になっているが、マンションなどにも置ける小物や照明にも挑戦して活路を見出している。

雪村うちわ（常陸太田市）

雪村うちわは水戸光圀も愛用したと伝わる渋い水墨画の団扇である。雪村は室町時代の禅僧で、雪舟に私淑して中国画の画法を学び、会津黒川城主に伝授するなど画僧としても諸国に名を馳せ、常陸太田市の瑞龍町耕山寺に居を構えた。雪村うちわは、雪村が耕山寺に滞留中に、うちわに墨絵を描いて檀家に配ったことが始まりと伝えられている。

　マダケを割って、うちわの骨をつくり、その上に和紙を貼って水墨画を描く。画材はウマやアサガオ、夏野菜、水戸八景など。和紙は隣接の常陸大宮名産の生漉きの西ノ内和紙。強靭で水濡れにも耐え、虫もつかず耐久性抜群である。骨となるマダケは節を落として刃を入れ40本ほどに分割し、ほぼ8カ月間、青竹が黄色になるまで毎日天日干しを続ける。十分に乾燥させた後、イグサで編み上げて骨をつくり、和紙を貼って墨絵を描く。形状は四角で禅味に溢れ、200年以上経た今も、枡儀団扇店によって継承されている。33工程すべて手作業で行われるため、年に2000本ほどと、生産量が限られ、注文に応えきれないのが現状である。

水府提灯（水戸市）

水府提灯は丈夫で実用的な奉納提灯などに加え、例えばワインバーのボトル提灯など楽しく洒落たアイデアに満ちた提灯も多い。提灯は中世、武家や貴族などの上流階級の間で客の送迎用として使用され、江戸時代になり、ろうそくの普及とともに庶民の実用にも供されるようになった。水府提灯は水戸近辺でつくられる提灯の総称で、江戸時代に下級武士がみずからの生活を支える手段として内職に取り入れたのが始まりと伝えられる。水府とは江戸時代の水戸の異称である。岐阜提灯、八女提灯とともに日本三大産地に数えられた。藩内

に西ノ内和紙という丈夫で水に強い紙や、良質なタケに恵まれていたことが要因であろう。

　竹ひごを螺旋状に巻き上げて骨をつくる一般的な提灯に対して、伝統的な水府提灯は1本1本輪にした竹ひごに1本ずつ糸を絡める「一本掛け」を基本としており、手間がかかるものの非常に丈夫で、弓張提灯、奉納提灯、盆提灯、看板提灯と種類も増え、携帯用の折り畳みや祭礼用など用途が広がった。

　現在も昔ながらの伝統的な提灯はもとより、鳥やワインボトルを模した遊び心に富んだ形状、LED照明、音感センサーなど最新技術を取り入れて進化を続けている。その昔、きものの袂に携行し、必要なときに取り出して広げ、不要なときには畳んで小さくしまう……自在に折り畳めてもち運びが簡単な照明は日本人の生活文化に寄り添う偉大な発明であったといえる。イサム・ノグチらによって、世界市場へと参入した日本スタイルの照明器具もしかりである。

民　話

地域の特徴

　茨城県は、東は太平洋に面し、北は福島県、西は栃木県、南は千葉県、埼玉県に接している。北部から北西部にかけては八溝山地の山々が連なり、南部には加波山、筑波山を擁している。中央部に広がる常総平野に流れる小貝川、鬼怒川は利根川に合流して太平洋に注ぎ込み、また南東部は、霞ヶ浦や北浦を中心とする水郷地帯となっている。奈良時代に編纂された『常陸国風土記』に記されるように古くから豊かな土地柄である。

　歴史的にも重要な役割を担った地域で、江戸時代には徳川御三家の一つ、水戸藩が置かれた。産業面では農業が盛んな一方、1901（明治34）年に日立鉱山が創業され、企業城下町として発展してきた日立市がある。また、筑波研究学園都市の建設、日本初の商業用原子力発電所を東海村に開設するなど、日本の産業・経済の基盤を担ってきた。

伝承と特徴

　茨城県の民話の初期の記録に、1935（昭和10）年の『五倍子雑筆』がある。奈良県出身の医師・民俗学者であった沢田四郎作の随筆集で、彼は柳田國男と知り合って民俗学を追究した。東京で小児科医院を営み、出会った患者の家族から、その出身地の東茨城郡山根村の話を聞いて記録した。関東地方は、他の地域に比べると、昔話資料の収集や刊行が遅れ、昔話空白地帯といわれていた。全国的に1960年代から1970年代に組織的に調査が始まると、茨城でも、茨城民俗学会（1964〔昭和39〕年設立）・県教育委員会が共同で行った、筑波研究学園都市の民俗調査、勝田市による同市の昔話と伝説調査などを皮切りに、活発な昔話収集が行われた。その中で、鶴尾能子の功績は大きい。『茨城県の昔話』『勝田の昔話と伝説』『高萩の昔話と伝説』など、茨城県の主要な資料集の調査、編集に携わっている。

　大規模な昔話収集が始まった理由の一つに、カセットテープレコーダー

の普及がある。しかし、アナログテープの音源はいずれ劣化してしまう。1990年代に、日立市科学文化情報財団はこの昔話音源を保存するためCD資料化するプロジェクトを立ち上げた。現在では、インターネット上で昔話の音源公開している団体はたくさんあるが、日立市のこの企画はごく初期のものといえる（当初は、47都道府県ごとにCD資料を発行する計画であったが、実現したのは、新潟県の笠原政雄、岩手県の鈴木サツなど一部の語り手だけである）。

　主要大都市周辺地域は、近代産業の発展とともに昔話の伝承母体である農村から人が都市へ流出してしまい、人の口から耳へという営みが途絶えたといわれる。しかし、茨城県はそういった地域でありながら、長い話、変わった話、古風な語り口の伝承を残している。他県の出身者から聞いた話、他県で育った人が茨城に戻って語った話、あるいは瞽女など旅の芸人から聞いた話などが伝えられている。

おもな民話（昔話）

おさととおみつ

　　　　　　　　おさとという娘があり、継母とその娘のおみつと暮らしている。毎年、祭りの日になると、継母はおさとにたくさんの仕事をいいつけ、祭りに行かせてくれない。ある年、おさとの死んだ母親が夢に現れて、明日の朝、川上を見よと言う。翌朝、川に行くと赤い箱と白い箱が流れてくる。おさとが、赤い箱こっちゃ来い、白い箱そっちゃ行け、と言うと、赤い箱が寄ってくる。あけてみるときれいな着物とお金が入っているので、家に戻って、もみがらのかますの中に隠す。祭りの日に、継母はおさとに、玄米三俵を磨り臼で引いたら来いと言い、おみつを連れて出かける。おさとは友達に手伝ってもらって仕事を終え、赤い箱から着物を出して着飾り、祭りへ行く。祭りの場で、おみつがおさとに気が付き、母親に告げるが、継母は、晩までかかっても米に出来ないほどの量だから、おさとがいるわけがないと言う。着飾ったおさとは良い娘なので、庄屋の息子が見初め、おさとを嫁に欲しいと頼みに来る。継母はおみつを庄屋の嫁にしたかったが、仕方なく承知し、おさとは馬にのって嫁に行く。うらやんだおみつが、おれも姉やんのようになって行ぎでえな、とせがむので、継母は臼におみつを乗せて縄をつけて家の周りをゴロゴロと引き回す。はずみで臼から縄が外れ、おみつは井戸の中に落ち

て死んでしまい、継母はかわいい娘の世話になれないで終わる（『高萩の昔話と伝説』）。

「おさととおみつ」は、「越後のシンデレラ」といわれる新潟県の継子譚と同系の話である。川上から流れてくる赤い箱を呼び寄せるモチーフは、「桃太郎」「瓜子姫」「花咲か爺」などにもみられ、流れてくる容器には、その後の展開の重要な役割を担う小さ子（ちいさご）や犬が入っている。

盗人女房（ぬすっとにょうぼう）

金持ちの家と貧乏な家が隣り合って暮らしている。金持ちの家では、年頃になった一人娘に、振袖、留袖、黒紋付きに羽織の嫁入り衣装を仕度する。隣の貧乏な家の女はひがんで、金持ちの娘が死ぬように祈る。すると、娘は病気になって死んでしまったので、親が白装束を着せて埋葬する。隣の女は、死んだ娘の衣装を横取りして、自分の娘の嫁入り衣装にしようと企てる。夜中に、派手に化粧して金持ちの家の軒下に立ち、死んだ娘のふりをして、おっかさん、と優しい声で呼びかける。死んだ娘の母親が出てくると、振袖を持たないとあの世に行けないと訴え、娘だと思い込んだ母親は振袖を出して与える。次の晩、隣の女はまた娘のふりをして留袖を出させ、また次の晩もやってきて黒紋付きと羽織を出させる。母親が父親に、毎晩娘が着物を取りに来てしょうがないとこぼすと、父親は狐か狸の仕業だろうから見抜いてやろうと言い、親戚中に応援を頼み、夜中に戸の隙間から覗いている。すると隣の家の風呂場から物音が聞こえ、派手に化粧した女が出てきて、おっかさんと呼びかけたので、いつわりがばれる（『茨城の昔話』）。

「盗人女房」は全国で伝承例が10話に満たない珍しい話である。茨城の話は変形で、詐欺師が失敗するが、本来は成功する。典型的な内容は次のようなもので、女房が夫に盗ませたものを売って儲ける。夫が女房を困らせようと、墓場から童女の死体を盗んでくると、女房は、童女に化粧してきれいな着物を着せ、夜中に酒屋の戸口にもたれさせて戸をたたく。店主が戸をあけたとたん童女が倒れると、娘が死んだと騒いでたくさんの金をせしめる。死体をたらいまわしにして利益を得る「知恵有殿（ちえありどの）」または「分別八十八（ぶんべつやそはち）」と、この「盗人女房」は関連があるだろう。詐欺師が成功する話はモンゴル、シベリア、朝鮮半島など東北アジアにも多い。

額田の達才（ぬかだのたつつあい）

額田の達才という嘘つき名人がいた。紀州の殿様と水戸の殿様が、嘘比べをさせる。紀州の嘘つきが、このあいだ

の暴風で寺の釣鐘が飛ばされたが、こっちの方へ飛んでこなかったか、と言うと、達才は、家の裏にある柘植の木の蜘蛛の巣に引っかかっているものがあるが、あれがそうかもしれないと答える。

またある時、伊達の殿様が達才の前を通りかかり、うまそうだと言って芋を買う。殿様が馬で歩き出すのを待って、達才は無礼を承知で呼びもどす。殿様に叱責されると、達才は、今買われた芋を種にしたら、額田の達才から買った芋は芽が出なかったと言われても困る、それは焼いた芋ですから、念のためにと言って地べたに頭をつける。殿様は吹き出して達才に褒美を与える（『勝田の昔話と伝説』）。

茨城で親しまれている「額田のたっつあいチクヌキバナシ（嘘つき話）」と同じように、ほら吹きや嘘つき名人は、北海道江差の繁次郎、大分県野津の吉四六、熊本県八代の彦一などたくさんあり、いずれも実在したとされる。おどけ者の名前は違っても、話の内容は一定の型をもっている。創作された話が広まり、実在の人の言動が話に織り込まれた可能性もある。外国の例では、18世紀ドイツ・プロイセンのミュンヒハウゼン男爵の体験談を、後の作家が昔話と結びつけて脚色し、『ほらふき男爵の冒険』を創作した。

安寺持方話 (あてらもちかた)　山奥にある安寺持方村は平家落人の隠れ里といわれる。ある時、水戸の殿様が来て、庄屋の家に泊まる。殿様がしょいゴボウ（しょぎゴボウ：そいだゴボウとドジョウを醤油で煮る料理）を食べたいと言う。村人たちはドジョウにゴボウを背負わせようとするが、つるりとすべってうまくいかない。しまいに、ゴボウを千切りにしてドジョウの背に結いつけて煮て出した。翌朝、手打ちうどんを朝食に出すと、殿様が、ネギを持てと言うので、ネギを知らない村人は禰宜（神職の一つで宮司の補佐役）を連れてくる。殿様が洗面するために手水（手や顔を洗うための水）を回せと言う。手水を知らない村人たちに、禰宜が、長い頭と書いてちょうずと読むと言うので村一番の長い頭の爺を呼び、殿様の前で這い回らせた（『茨城の昔話』）。

おどけ者話と同じく、特定の村の話にも一定の型があり、ネギと禰宜、手水と長頭の話は各地で語られている。稲田浩二によると、このような話は、北海道（アイヌ）以外の全国に実在の村名で伝承されている。中近世に農山村の特産物を換金する商人との経済交流が始まったころ成立した話

で、保守的な農山村のよそ者に対する警戒心、また、山奥の地域に対する都市部の差別意識を背景にした、日本社会の閉鎖的体質が根底にあるという。現在は、カラリと明るい笑いを強調した『安寺持方おもしろばなし』が刊行されている。

おもな民話（伝説）

『常陸国風土記』には、祖神巡行説話（おやがみじゅんこう）の福慈（富士）と筑波をめぐる話、三輪山説話と同様に素性の知れぬ男（蛇神）が娘のもとへ通ってくる話、異常に長身で手足の長い人、いわゆるダイダラ坊伝説などが記録されている。それ以後の伝承では実在の人物にまつわる話も多く、源義家がその豪勢さを恐れて攻め滅ぼした一盛長者（持丸長者とも）屋敷跡、日本武尊（やまとたけるのみこと）にちなむ地名由来、平将門と桔梗御前（ききょう）、親鸞聖人の教えで救われた人々、水戸黄門と鹿島神社の力石など多彩である。

金色姫と蚕（こんじきひめ）　昔、インドに金色姫という王女がいた。幼い頃母が死に、継母にいじめられる。最初は獅子山に、次に鷹群山に、三回めは草木の全く繁らない海眼山に捨てられるが、姫は動物や家来に助けられ、いつも無事に戻ってくる。しまいに、継母は深い穴の中に姫を埋めるが、数日後地中から不思議な光がさす。それに気づいた父王が家来に掘らせると、姫が掘り出される。父王は姫を不憫（ふびん）に思い、桑の木で造った舟に乗せて送り出す。さまよった挙句、舟は筑波山麓の豊裏湊（とようらみなと）に流れ着く。姫は浦人達に助けられるが、ほどなく亡くなり、小さな虫に姿を変える。虫は桑の葉を食べて成長し、白い繭となる。そこへ、筑波の神が影道仙人（ほんどう）となって現れ、繭から糸を取る方法を教えたので、この地方に養蚕が広まり、蚕と影の字を合わせて蚕影神社（こかげ）を祀った（『日本伝説大系4』）。

つくば市の蚕影神社は全国の蚕影神社の総本山である。金色姫伝説はお伽草子『戒言』（かいこ）、上垣守国の『養蚕秘録』など文献に扱われ、中近世から広まっていた。しかし、民話化した蚕由来は、馬と心を通じ合わせた娘が蚕になる馬娘婚姻譚（ばじょうこんいんたん）の方が多く、東北を中心にオシラ様信仰と結びついて伝承されている。

女化稲荷（おなばけ）　昔、忠五郎という百姓が土浦にむしろを売りに行った帰り、猟師に狙われている狐を助け、怒る猟師に売上金全てを渡して家に帰る。その夜、旅の娘が来て、一晩泊めてくれと頼む。二人は夫婦

になり、三人の子どもも生まれて幸せに暮らすが、ある日、長男が母親に尻尾があるのを見て騒ぐ。母親は、みどり子の母はと問わば女化けの原に泣く泣く臥すと答えよ、という歌を残して姿を消す。忠五郎はあの時の狐が恩返しに来たのだと悟り、屋敷内に女化稲荷を建てて供養した（『茨城の伝説』）。

　狐が女になって人と暮らす話は全国にあり、そのモチーフを応用した伝説となっている。陰陽師安倍清明の母も狐で、清明は筑波山麓猫島で生まれたという伝説もある。

名馬里が淵の馬
なめり

　名馬里に龍が住むという滝がある。滝の近くで、馬の飼育をする家が数軒あり、馬たちはよく滝へ行く。一頭の馬が龍の子を宿し、立派な牡馬が生まれるが、厩栓棒（ませんぼう）（馬小屋の入り口に渡す取り外しできる横棒）から出て大暴れするので、仕方なく殺す。その晩、大暴風が起きて、家々はすべて流された（『高萩の昔話と伝説』）。

　龍と馬の間に仔馬が生まれるという変わった話は、背景に自然災害があるという。1745（延享2）年に花貫川の大洪水が川筋の村々に大損害を与えた。龍神の怒りと水の大災害が重なってこの伝説を生んだと考えられる。災害が投影された話はほかにもある。1792（寛政4）年、雲仙岳の火山性地震が島原に、その直後の有明海の津波が肥後に被害を与えた。これが、蛇女房が目玉を強奪された報復に地震や津波を起こしたため、島原の九十九島が出来たとする伝説と結びついている。

おもな民話（世間話）

うしろがわのたすけ

　うしろがわ（高萩市の地名）に、たすけという大泥棒がいた。ある貧しい家では、小豆のお粥に団子を入れる大師の粥（旧11月23日〜24日の大師講の日に食べる）が食べられない。おかみさんがこぼすと、たすけが、今、温かいのを持ってくるから安心しろ、と言って中郷から鍋ごと盗んでくる。飛ぶように足の速い人といわれる（『高萩の昔話と伝説』）。

　鼠小僧次郎吉が義賊として伝説化したように、実在の泥棒が昇華されて語られているのかもしれない。

妖怪伝承

ダイマナコ

地域の特徴

　茨城県は関東地方の北東部、北は福島県、西は栃木県・埼玉県、南は千葉県に接している。東は太平洋に臨み、県の北部には福島県から久慈山地・多賀山地、栃木・福島との県境からは八溝山地の山々が連なり、その山地のなかを縫うように、福島県からは久慈川、栃木県からは那珂川が太平洋に流れ込んでいる。

　県の南西部は関東平野が広がっており、西端部から南部には利根川が流れており、鬼怒川・小貝川など南北に貫く河川が合流している。とりわけて東南部は、国内第2位の面積の湖である霞ヶ浦や、北浦とともに、この利根川流域は水郷地帯を形成している。県の中央、平野部には、栃木県から連なる山並みがあり、そのところどころに十三天狗の岩間山、三十六天狗の加波山があり、その南端にダイダラボウゆかりの筑波山がある。

　歴史的には、江戸時代までは常陸国と下総国の北西部がこれにあたり、現在のような県境が確定するまでにも、河川の流れによって時間がかかった。そのため、河川を越えた他県との交流も盛んであった。また、同県であっても、近世以来の交通網や近代のインフラの整備から、常陸国や下総国には意識に違いがみられる。

伝承の特徴

　茨城県は太平洋に面し、古くから鹿島の地が日本の最東端と考えられ、日本列島を取り囲む大鯰の頭を、鹿島大明神の要石が押さえているものと考えられていた。現在、要石は鹿島神宮の境内にあり、地上にわずか上部をのぞかせているが、その地下深くまで刺さり、大地を揺り動かす大鯰の頭を押さえているとされている。鹿島の神とゆかりをもつ信仰や芸能は茨城県のみならず日本各地にみられ、海や河川を通じてつながっていたことを物語っている。

東に広がる太平洋は、さまざまなものをもたらしたといわれる。神栖市日川で蚕霊神社の縁起として次のような話がある。この地の漁師が漂流している桑でできたうつろ船を引き上げると、中に天竺の金色姫がいた。漁師は我が子のように育てたが病死してしまう。その後、姫は蚕と化し、糸を吐いて富をもたらした。そこで姫を蚕霊神社として祀ったという。こうした蚕神の伝承は、日立市川尻の蚕養神社、つくば市神郡の蚕影山神社にも同様の縁起があり、養蚕の始まりとされている。こうした寄り神のイメージは、江戸時代を通じて常陸の海にはあったようで、1803（享和3）年3月24日には、羽釜のような形の不思議な船が、原舎浜というところに漂着したという話がある。梅の舎主人の『梅の麈』によれば、船の上は黒塗り、四方に窓があり、下の部分は鉄筋が入っていた。このなかに20歳ぐらいの色白の美しい女性が乗っていたという。言葉は通じず、身長5尺（およそ150cm）、黒髪はあざやかであった。この話は当時、随筆や刷り物で広く知られたようで、常陸国には外から何かがやってくるという期待感が、なおいっそう強くもたれていたことがうかがわれる。

主な妖怪たち

小豆洗い　小豆を洗うような音をさせる怪。水戸城下の裏新町新蔵前では、新御蔵の傍らに現れたという。その正体は狐とされており、たびたび人をたぶらかしていた。また城下には、「赤小豆洗ひ」という場所があり、雨の夜になると狐が小豆を洗う音をさせて、人をたぶらかしていたという（『水府地理温古録』）。小豆洗いは言葉を発することもあり、常陸太田市町田では、「小豆とぎましょか、人を食べましょか」と言いながら、ザクザクと音を立てたという（『町田の民俗』）。

イクチ　海に現れる怪魚。津村正恭『譚海』の「常州外海ゐくち魚の事」によれば、「ゐくち」は、ウナギのように全身がぬめっており、油の多い魚である。太さはそれほどではないが、長さは数百丈（1丈は約3m）ほどあり、時々船に入ってくるのだという。ゐくちに入られた船は沈むというので、船頭たちには恐れられていた。この長い怪魚は、船をまたぐように飛び越える。あまりに長いのですべてが越えるのに一、二刻（およそ2時間から4時間）かかるのだという。その際、体から大量の油が船にしたたり落ち、これが満ちると沈没してしまうのだという。船乗りたち

は無言で、ただこのこぼれる油を笠でうけとめて海へこぼす。ゐくちの油は、布海苔のように粘っており、船の中が滑りやすくなってしまうので、飛び越えられた後はいつも洗っている。こうした生態のゐくちは、出現するのはいつも夜で、誰もその形をしっかり見たことがない。同じように、夜、海に現れるものに「いるか」がいる。これが現在のイルカにあたるかわからないが、『譚海』によると、いるかは鮫のような魚であるが、鹿に似ている。眠ることが好きで、覆いのない船にいつのまにか入り込み、いびきをかいて寝ていることもあるという。そのため、江戸へ船で魚を運搬するときに、物陰でいるかがいびきをかいて寝ていることもあった。

河童

水性の妖怪。『利根川図志』には河童の図があり、『望海毎談』を引用し、ネネコとよばれる河童が利根川にいることを記している。毎年居場所を変えているが、その場所には渦ができるとされている。悪戯をするあまり手を切られ、その返還を願い、かわりに薬の製法を伝授することがある。その姿は、江戸時代の随筆に捕獲談が見受けられ、水戸東浜で捕獲された河童は、身長3尺5寸あまり（約1m）、重さは12貫目（約45kg）、見た目よりは重い。尻に三つの穴があり、放つ屁はまことに耐え難いほどの臭いであったという（『一話一言』『善庵随筆』）。茨城県内には、河童から薬の製法を伝授された家がいくつかあった。『利根川図志』にも紹介されているが、岩瀬万応膏（常陸大宮市）、カッパ散（古河市）、とげ抜きの妙薬（小美玉市）、筋渡薬（石岡市）を伝える家がこれである。いずれも手を切られ、その代償として河童が伝授した秘薬である（『河童とはなにか』）。河童を祀る神社もあり、小美玉市与沢の手接神社は手の病に御利益があるが、秘薬製法を伝授した河童が死んだことを知った領主が、その遺骸を葬って祀ったのがその始まりとされる。

鎌鼬

風にまかれて、傷を負う現象。水戸藩の儒学者小宮山楓軒は、みずからの著書『楓軒偶記』に、鎌鼬の一項を設けている。そこで楓軒は、鎌鼬について次のように述べている。「カマイタチにかけらるる」ということがある。からだに傷を負うが、血が出ることはない。これを治すには、テンの毛をつけるとよいという。かつて相撲をする力持ちがいたが、突然、陰茎が落ちてしまったことがある。このときもテンの毛をつけて治したのであるという。そして各地の鎌鼬の事例を紹介し、伴嵩蹊の『閑田次筆』を引いて、下総国大鹿村（現在の取手市）の弘経寺の小僧が

鎌鼬にあたり、病にかかったことを記している。このとき、古い暦を黒焼きにして患部につけたら、たちまち治癒したという。下総や甲斐では、窓明かりの障子に古い暦を貼ることがあり、これが風を防ぐことから、鎌鼬にも効力があるとみていたのだと、楓軒は記している。

戸立て坊主

道を歩いていると、あたかも戸を立てたがごとく、行き止まりの現象を起こして歩行をはばみ、その先へ進めなくなる怪。高萩市上君田には、腹減り坂とよばれる坂がある。ここは夕方になると、戸立て坊主が現れ、人間が通れなくなるように戸を立てるのだという（『高萩の昔話と伝説』）。

ダイマナコ・一つ目玉の団十郎

2月8日・12月8日を事八日といい、得体の知れないもの、とりわけて一つ目の妖怪が来訪し、これを除けるために、たくさん目のあるメカゴを立てるという伝承が各地にある。桜川市真壁町では、この一つ目の妖怪を、ダイマナコあるいはヒトノマナコとよんで、厄病神としている（『真壁町の民俗』）。筑西市赤浜では、北関東各地にこの日訪れるササガミの姿を、一つ目の大入道ととらえられている。古河市上大野では、一つ目玉の団十郎は各家を訪ねてまわり、履き物が表に出してあると、判子を押すという。判子を押された履き物を履くと足が重くなるという（『無形の民俗文化財　記録　第61集　北関東のサザカミ習俗　茨城県・栃木県』）。またこの地域は、この日はネロハという化け物がやってくるので、早く寝ろといわれた。小説家長塚節は、「十日間」という随筆でこの日の習俗を記し、「一つ目の鬼が夜になると家内を窺ひに来る」としている。

天狗

山に現れる妖怪。音をもって語られる天狗倒しは、その姿を見ることができない。一方、毎日のように姿を現して相撲を取りに来る天狗もいた。平田篤胤の『仙境異聞』によれば、茨城県では岩間山に十三天狗、加波山には三十六天狗がいるとされている。また、稲敷市阿波の大杉神社は、天狗を祀る神社として、広く知られている。天狗倒しは、茨城県各地でも伝えられており、久慈郡各地の山中では、こうした怪異を起こす天狗は三つ又の巨木の股に住んでいるといわれていた。また、笠間市岩間にある愛宕山はかつて岩間山とよばれ、十三天狗といって13人の天狗が住んでいた山として知られている。山頂の飯綱神社の社殿の裏には、この山で修行していたという13人の天狗の祠が祀られている。旧暦11月

には、この神社の氏子13人が天狗に扮して山頂に登るのであるが、その際、この天狗に罵声を浴びせる悪態祭を行うことでも知られた山である。

石岡市狢内にある長楽寺の僧は、この山で天狗の法力を体得し、5、6日の間、母親を連れて諸国を廻り、その希望を叶えたという。帰宅すると僧は「たいへん疲れたので、長寝をするので、目が覚めるまで絶対に見ないように」と母親に語り、部屋にこもった。ところが、数日しても目を覚ます気配がない。待ちきれなくなった母親が、部屋を覗くと僧は六畳間いっぱいに大きくなって寝ていた。驚く母親の声に目を覚ました僧は、襖を破って飛んで行き、二度と帰ってこなかったという。岩間山の十三天狗とは、4人の亡霊、八体の鷲や鳶、動物の化身、そしてこの長楽寺の僧で構成されているのだという（『仙境異聞』）。

墓石磨き

正体が何者かわからないが、一晩に大量の墓石が磨かれる怪。江戸時代の随筆にしばしば登場する墓石磨きは、古河市周辺から始まったとされる。松浦静山の『甲子夜話　続篇』によれば、儒学者朝川善庵が門人のもとで聞いて語った話が記されている。それによれば、墓石が磨かれ、文字に朱を入れるところは朱を新たにさし、金を入れるところにはクチナシをさして黄色にそめてあり、これが一夜にして200基に及ぶのだという。領主たちは、その原因となる妖物を捕らえるために、足軽輩数十人を出して墓地をうかがうのであるが、女性の声が騒々しく30〜40人ほど集まっているようにも聞こえるものの、姿は見えないという。この墓石磨きは、古河に始まり、関宿（千葉県）にまでいたるところに現れている。

これに対して曲亭馬琴は『兎園小説拾遺』で、この墓石磨きについて触れ、1830（文政13）年9月下旬から江戸の寺院の古い石塔が一夜のうちに磨かれているということを記している。これはこの年の7月に山梨県で起こっていたものが江戸に及んだという。古い絵巻物に「石塔磨」というスッポンに似た赤い虫がいることから、この虫の仕業ともいわれていた。こちらはその目撃談も多く、法師一人、あるいは3人連れであったという話もある。また、墓石を磨かれた家は断絶するとまでいわれた。馬琴は、こうした怪異について、病の平癒祈願のために磨かれたという説も紹介している。

一つ目小僧

一つ目の妖怪。坂道などにさしかかると突然現れて人を驚かす。また、大きな姿で現れる一つ目の大入道もいる。

高萩市下手綱の岩ん坂では、夜歩いていると、「一つ目小僧だぞ」と名乗って現れたという。あるとき、目の不自由な人が通りかかったときに、驚かなかったので、そこでは出なくなったという（『高萩の昔話と伝説』）。笠間市安居のもみじ三夜では、一つ目の大入道が現れたという。そこを通る人があれば、立ちふさがって驚かした。それを見た人が自宅に帰って家の者に話をすると、「こんな顔だったかい」と大入道が振り返りながら言ったという話もある（『いわまの伝え話』）。

ムジナ　ムジナは、さまざまなものに化けて、人をだますものとされている。ムジナ同様狐も化かすものであるが、ムジナは動物としてはアナグマの一種であり、狐とは区別されるものである。こうした違いには、行動にも表れ、古河市では、狐は人間の前で化かし、ムジナは後ろで化かすものと伝えている。そのためか、狐は女性に化けて前を歩き、ムジナは自転車の荷台のものを人知れず盗んでいくと伝える人もある。その化ける特徴としてムジナは何者にも化けるものとされているが、とりわけてお化けに化けるのが上手という（『古河の昔話と伝説』）。そうした化け物のひとつに、カブキリコゾウがいる。茨城県と千葉県にまたがる旧下総国では、さびしい山道や夜道に現れるという。カブキリコゾウは、おかっぱ頭で丈の短い着物を着て、「水飲め、茶飲め」と水や茶を強要するという（『民間伝承』5-2）。「カブキリ＝おかっぱ頭」「コゾウ＝子ども」というように、その名称に外見的特徴が表現されているところでは、岩手県遠野市のカブキレワラシと共通するものがある。

　また、化け物になりすますムジナに、次のような話がある。古河城下には侍屋敷がならぶ屋敷町の一角に、梅屋敷とよばれる場所があった。ここには、一軒のあばら屋があり、お化け屋敷といわれていた。旅の侍がそこに現れる化け物を退治する話であるが、まず、紫の着物を着た少女が庭石をつたってピョンピョンと軽い足取りで現れ、「お茶をめしあがれー」とやってきて一つ目小僧になる。次に庭石をミシリミシリと踏んで、一つ目片足の傘が赤い舌を出して現しては消える。さらに、顔を朱に染めている大きな白い衣を着た大入道が現れる。そのように入れ替わり立ち替わり現れる化け物を、侍は一刀両断する。その正体は、それぞれに化けた一匹のムジナであったという（『古河市史　民俗編』）。ここでもカブキリコゾウのように、お茶を強要する少女にムジナは化けていたのである。

高校野球

茨城県高校野球史

　茨城県の中等学校野球は，1891年に創部された水戸中学（現在の水戸一高）に始まり，水戸農業，土浦中学（現在の土浦一高），竜ヶ崎中学（現在の竜ヶ崎一高），下妻中学（現在の下妻一高），太田中学（現在の太田一高）で次々に創部された．1918年夏には竜ヶ崎中学が茨城県勢として初めての甲子園出場を決めたが，米騒動で本大会が中止され，翌19年に甲子園でプレーした．

　49年に水戸商業が茨城県勢の甲子園初勝利をあげると，以後，水戸商業と水戸一高が県内の2強として活躍した．58年までの11年間，両校以外の学校が夏の県大会を制したことはない．

　59年地区予選が千葉県と1代表を争う東関東大会となった頃から，県内は戦国時代になるとともに，高校野球の軸も，水戸を中心とした北部から，常磐線沿線の南部地区に移っていった．

　74年から1県1校となり，76年には戸田秀明投手を擁した鉾田一高が春夏連続して出場，選抜の初戦でノーヒットノーランを達成した．

　84年夏，木内幸男監督に率いられた取手二高が無敵と思われたPL学園高校を降して県勢初優勝を達成した．この年を境に，茨城県の学校は甲子園で目覚ましい活躍を見せるようになる．

　同年秋，木内監督は私立の常総学院高校に迎えられ，3年目の87年夏には早くも甲子園準優勝．以後，"木内マジック"と呼ばれる名采配で常総学院高校は全国的に知られる強豪校となった．94年選抜では2度目の準優勝を果たした．99年選抜では水戸商が準優勝している．

　2000年秋の関東大会では，史上初めてベスト4のうちの3校を茨城県勢で独占，常総学院高校，水戸商業，藤代高校の3校ともに選抜され，常総学院高校は初優勝を達成した．同校は03年夏にも優勝している．

明野高 (筑西市, 県立)
春1回・夏1回出場
通算1勝2敗

1977年県立明野高校として創立し, 創立と同時に創部. 3年目の79年夏に甲子園に出場し, 高松商を降して初勝利をあげた. 84年選抜にも出場している.

茨城東高 (茨城町, 県立)
春0回・夏2回出場
通算0勝2敗

1978年に創立し, 同時に創部. 83年夏に甲子園初出場, 市立尼崎高校に延長10回の末に惜敗した. 97年夏にも出場している.

霞ヶ浦高 (阿見町, 私立)
春1回・夏2回出場
通算0勝3敗

1946年霞ヶ浦農科大学併設霞ヶ浦農業学校として創立. 49年の学制改革で霞ヶ浦高校となる.

48年に創部し, 90年選抜で初出場. 以後, 県内では強豪として活躍しながらあと一歩のところで甲子園を逃し続け, 2015年夏に2度目の出場. 19年夏にも出場した.

下妻二高 (下妻市, 県立)
春1回・夏1回出場
通算0勝2敗

1903年創立の私塾女子文芸会が前身で, 09年女子絅文学校として創立した. 19年下妻町立に移管して下妻町立実科高等女学校と改称. 23年下妻町外11ヶ村の組合立に変更. 42年茨城県立に移管し, 県立下妻高等女学校となった. 戦後, 48年の学制改革で茨城県立下妻女子高校となり, 翌49年下妻第二高校と改称.

94年創部. 取手二高で選手として全国制覇した小菅勲監督が就任して強くなり, 2004年夏に甲子園初出場. 09年選抜にも出場した.

常総学院高 (土浦市, 私立)
春10回・夏16回出場
通算42勝24敗, 優勝2回, 準優勝2回

1905年土浦・常福寺に私塾常総学院として創立. 43年戦争のために廃校となり, 83年に再度創立して創部. 84年9月には, 同年夏に取手二高で全国制覇した木内幸男監督を招聘して強化. 87年選抜に初出場すると, 夏

には決勝に進出．以後，全国的な強豪校となり，94年春に2度目の準優勝．2001年春に初優勝した．03年には夏の大会で優勝している．

水城高 (水戸市，私立)
春1回・夏1回出場
通算0勝2敗

1964年に創立し，同時に創部．水戸商業を選抜で準優勝させた橋本実監督が就任して強くなり，2010年夏に甲子園初出場．11年選抜にも出場した．

土浦日大高 (土浦市，私立)
春2回・夏4回出場
通算2勝6敗

1963年日本大学の準附属高校として土浦高校が創立，64年土浦日本大学高校と改称．

63年創部．74年好投手工藤一彦を擁して甲子園に春夏連続出場．夏は初戦で原辰徳が4番を打つ東海大相模高校と対戦して，延長16回の末に惜敗した．近年では2017年から2年連続して夏の大会に出場している．

取手一高 (取手市，県立)
春1回・夏3回出場
通算1勝4敗

1922年組合立北総実修学校として創立．27年県立に移管して取手農業学校となる．48年の学制改革で取手園芸高校と改称．49年取手第一高校となった．

28年創部．68年夏に甲子園初出場，以後6年間で春夏合わせて4回出場した．69年夏には宇部商業を降して初勝利をあげている．

取手二高 (取手市，県立)
春2回・夏4回出場
通算8勝5敗，優勝1回

1925年取手実科高等女学校として創立．40年県立に移管し，取手高等女学校と改称．48年の学制改革で取手女子高校となる．49年共学となって取手第二高校と改称．

50年創部．56年木内幸男監督が就任．77年夏甲子園に初出場すると以後6年間で春夏合わせて6回出場，84年選抜でベスト8に進むと，夏には決勝で延長戦の末にPL学園高校を降して全国制覇した．大会後に木内監督が引退，以後は出場していない．

日立工 (日立市，県立)
春2回・夏0回出場
通算2勝2敗

1942年日立市立中学校として創立．48年の学制改革で日立市立高校とな

る．49年県立に移管して日立第三高校となり，翌50年工業科に転換して日立工業高校と改称した．

46年創部．81年選抜に初出場すると，ベスト8まで進んでいる．89年選抜にも出場した．

藤代高 (取手市，県立)
春2回・夏3回出場
通算3勝5敗

1973年県立藤代高校として創立し，翌年の74年に創部．97年，竜ヶ崎一高を甲子園に出場させた持丸修一監督が就任して強くなり，2001年選抜に初出場すると初勝利をあげた．以後，出場を重ねている．

鉾田一高 (鉾田市，県立)
春1回・夏2回出場
通算1勝3敗

1922年県立鉾田中学校として創立．48年の学制改革で県立鉾田高校となる．49年鉾田第一高校と改称．

正式創部は47年だが，大正末には野球部があったという．76年選抜に好投手戸田秀明を擁して初出場，初戦で糸魚川商工をノーヒットノーランに抑えて初勝利をあげた．同年夏と82年夏にも出場している．

水戸一高 (水戸市，県立)
春0回・夏3回出場
通算0勝3敗

1878年茨城師範学校予備学科として創立し，80年に茨城中学校として独立した．83年茨城第一中学校，86年茨城県尋常中学校，99年茨城県中学校，1900年茨城県水戸中学校となり，01年に県立水戸中学校と改称．48年の学制改革で県立水戸第一高校となる．

1891年創部．1929年夏に甲子園初出場，翌30年にも出場．戦後も54年夏に出場している．OBには飛田忠順（穂洲）がいる．

水戸啓明高 (水戸市，私立)
春1回・夏1回出場
通算1勝2敗

1959年水戸第一商業高校として創立．69年水戸短期大学附属高校，2012年水戸啓明高と改称．

創立と同時に創部し，水戸短大付属高校時代の1996年夏に甲子園初出場，初戦で智弁和歌山高校を降して初勝利をあげた．2002年選抜にも出場している．

水戸商 (水戸市, 県立)
春4回・夏10回出場
通算14勝14敗, 準優勝1回

1902年茨城県立商業学校として創立. 28年水戸商業学校と改称. 48年の学制改革で県立水戸商業高校となる.

諸説あるが05年創部という名門. 27年夏甲子園に初出場し, 33年夏には初勝利をあげた. 戦後, 60年夏を最後にしばらく出場が途絶えていたが, 92年春に32年振りに甲子園に復活すると, 99年選抜では準優勝した. 近年では2008年春に出場. OBには豊田泰光や全日本監督を務めた石井藤吉郎がいる.

明秀日立高 (日立市, 私立)
春1回, 夏0回出場
通算2勝1敗

1925年助川裁縫女学校として創立. 31年助川高等家政女学校が創立され, 43年に統合. 48年の学制改革で日立女子高校となる. 96年共学化し明秀日立高校と改称した.

共学化した際に創部し, 2012年光星学園高を強豪校に育てた金沢成奉監督が就任. 18年選抜で甲子園に初出場すると, 瀬戸内高, 高知高を降して3回戦まで進んだ.

竜ヶ崎一高 (竜ヶ崎市, 県立)
春1回・夏9回出場
通算3勝9敗

1900年土浦中学校竜ヶ崎分校として創立. 02年独立して県立竜ヶ崎中学校となる. 48年の学制改革で竜ヶ崎高校となり, 翌49年竜ヶ崎第一高校と改称した.

02年に創部し, 16年の関東予選に茨城県から初めて参加した. 18年夏に甲子園に初出場を決めたが, 米騒動で大会が中止となり, 翌19年夏に初めて試合を行った. 以後22年まで連続して出場. 戦後も66年夏に甲子園に復活して初戦を突破. 近年は2000年選抜に出場している.

⑬茨城県大会結果（平成以降）

	優勝校	スコア	準優勝校	ベスト4		甲子園成績
1989年	常総学院高	12－0	日立工	鉾田一高	茨城キリスト教高	初戦敗退
1990年	竜ヶ崎一高	5－1	水戸短大付高	常総学院高	日立一高	2回戦
1991年	竜ヶ崎一高	2－1	藤代紫水高	水戸商	常総学院高	3回戦
1992年	常総学院高	3－2	日立工	土浦日大高	竜ヶ崎一高	初戦敗退
1993年	常総学院高	2－0	水戸商	茎崎高	土浦日大高	ベスト4
1994年	水戸商	2－0	土浦日大高	鉾田一高	常総学院高	ベスト8
1995年	水戸商	3－2	竜ヶ崎一高	日立一高	下妻一高	初戦敗退
1996年	水戸短大付高	2－1	伊奈高	土浦湖北高	常総学院高	2回戦
1997年	茨城東高	4－1	水戸商	下妻一高	鹿島学園高	初戦敗退
1998年	常総学院高	8－4	土浦日大高	水戸商	茨城東高	ベスト8
1999年	水戸商	6－5	土浦三高	竜ヶ崎一高	常総学院高	3回戦
2000年	水戸商	5－3	常総学院高	水戸短大付高	藤代高	初戦敗退
2001年	常総学院高	8－5	藤代高	竜ヶ崎一高	水戸商	2回戦
2002年	常総学院高	9－7	水戸商	水戸短大付高	竜ヶ崎一高	3回戦
2003年	常総学院高	7－1	藤代高	水戸短大付高	土浦湖北高	優勝
2004年	下妻二高	8－2	常総学院高	明秀日立高	磯原高	初戦敗退
2005年	藤代高	2－1	波崎柳川高	中央高	常磐大高	2回戦
2006年	常総学院高	10－4	水戸桜ノ牧高	霞ヶ浦高	東洋大牛久高	初戦敗退
2007年	常総学院高	8－3	常磐大高	水戸葵陵高	東洋大牛久高	初戦敗退
2008年	常総学院高	3－2	霞ヶ浦高	土浦湖北高	東洋大牛久高	初戦敗退
2009年	常総学院高	3－2	水戸桜ノ牧高	土浦日大高	水戸葵陵高	初戦敗退
2010年	水城高	11－0	霞ヶ浦高	波崎柳川高	水戸商	初戦敗退
2011年	藤代高	6－5	霞ヶ浦高	常総学院高	水城高	初戦敗退
2012年	常総学院高	3－0	水城高	竜ヶ崎一高	水戸商	2回戦
2013年	常総学院高	4－2	霞ヶ浦高	水城高	鹿島学園高	ベスト8
2014年	藤代高	12－3	霞ヶ浦高	常総学院高	取手松陽高	初戦敗退
2015年	霞ヶ浦高	2－0	日立一高	明秀日立高	東洋大牛久高	初戦敗退
2016年	常総学院高	1－0	明秀日立高	下妻二高	霞ヶ浦高	ベスト8
2017年	土浦日大高	10－9	霞ヶ浦高	藤代高	下妻二高	初戦敗退
2018年	土浦日大高	6－1	常総学院高	霞ヶ浦高	水戸商	初戦敗退
2019年	霞ヶ浦高	14－0	常磐大高	水城高	水戸商	初戦敗退
2020年	水戸啓明高，霞ヶ浦高，土浦湖北高，明秀日立高					(中止)

注）2020年は準々決勝で打ち切り

148

やきもの

笠間焼（擂鉢）

地域の歴史的な背景

茨城県の代表的なやきものといえば、笠間焼である。笠間焼の窯場は、水戸市に隣接する笠間市の箱田・下市毛・手越にある。笠間市は、筑波山系の北側に当たり、日本三大稲荷の一つである笠間稲荷の門前町として発達。笠間城の城下町としても栄えた。また、そこは筑波北部の農村の物資の集散地でもあった。

関東ローム層が広がる関東地方では、やきものづくりが盛んではなかった。ただ、関東の北東の外郭部に当たる笠間や益子・小砂（栃木県）まで関東ローム層が及んでおらず、地表近くに粘土層が存在した。良質ではないにしろ、粘土を得られたことで、そこにやきものづくりが発達したのである。

主なやきもの

笠間焼

笠間市笠間で焼かれる陶器。開窯は、安永年間（1772〜81年）に、箱田村の久野半右衛門が、信楽（滋賀県）の陶工長右衛門がやってきたのを機に開いた、と伝わる。寛政年間（1789〜1801年）には、笠間藩主の牧野貞喜がこの窯を奨励、みずからも御庭焼を始めた。文久年間（1861〜64年）になると、藩主貞直が窯業振興のため久野瀬兵衛の窯を始め6つの窯を藩窯とし、その保護発展を図った。幕末には、笠間焼の技法が八溝山系の峠を越えて20キロ余り離れた益子へ伝えられた、といわれる。

笠間焼の主製品は、水甕、擂鉢、徳利、湯たんぽなどの日常雑器類である。特殊なところでは、茶の栽培が狭山（埼玉県）辺りまで行われる

ようになった明治以降、茶壺を盛んに焼くようになった。それでも、生産量としては水甕や擂鉢が多かった。いずれにも茶褐色の柿釉（鉄釉）が使われていて、水甕には肩口に黒の釉薬が流し掛けられている。

特に擂鉢は、明治末期から大正時代にかけて、東京市場を独占するほどの勢いで売りに出された。それまで人気の備前焼の擂鉢を追い抜くほどの勢いであった、という。ちなみに、この頃までは箱田焼と呼ばれていたが、次第に笠間焼という呼称が定着していった。笠間は、東京に最も近い大きな窯場として、かつては日用品の大半が笠間から東京方面に出されていたのである。

近年は、古い伝統に新たな技法を加えて「笠間火器」を開発。土堝や陶板などの新たな製品を生み出している。

現在、笠間には300人余りの窯元・陶芸家が居住し、湯呑茶碗やコーヒーカップ、花瓶、皿などの小物陶器類を焼いている。市営の窯業団地があり、笠間稲荷の美術館もあり、「やきものの町」の体裁も整えられている。

紫山焼

真壁郡真壁町で焼かれた陶器。つくばね焼ともいう。

明治33（1900）年、市塚賢造によって開窯された。市塚は、西国の窯場を巡り、宮川香山（京焼）や沈寿官（薩摩焼）の下で修業を積んだ後、郷里の真壁に窯を開いたのである。製品は、薩摩焼に似せた色絵の花瓶や茶器などが中心だが、海鼠釉を用いた日用雑器もある。

市塚は、開窯の翌年に、県の陶業技師に任ぜられ、紫山窯は県の陶器伝習所となって多くの子弟を育成した。だが、明治44（1911）年に市塚が没すると、窯も廃絶してしまった。

宍戸焼

西茨城郡友部町平町（旧宍戸村）で焼かれた陶器。庄屋の山口勘兵衛によって天保年間（1830〜44年）頃に開窯されたといわれるが、その時期については定かではない。明治22（1889）年頃に一度閉窯したが、そ

の後すぐに同窯の陶工の一人であった磯部秋次郎(いそべあきじろう)によって引き継がれた。そして、秋次郎亡き後は息子の幸克(ゆきかつ)に継がれ、現在に伝わる。

製品は日常雑器が主で、灰釉や鉄釉、糠釉、緑釉などを用いたものが多い。そこには、大堀相馬焼(福島県)の影響もみられる。

 Topics ● 笠間の茶壷

もともとお茶は、特権階級の上等な飲みものであった。江戸期には、現在一般化しているような緑茶は、庶民の口には縁遠いものであった。

だが、一方、江戸在住の大名のためには、国元からわざわざお茶が運ばれていた。将軍家への献上茶は、お茶壺道中と呼ばれたほどに大事に扱われて運ばれたものである。

特に、西国大名の場合は、信楽焼や伊賀焼(三重県)の茶壷がよく使われた。今でも、神田(東京都)の古い茶問屋などには、江戸時代の信楽焼とみられる茶壷(青や黒の釉薬が掛けられたものが多い)が残っているところがある。それらは、大名の江戸屋敷で使われたものが後に町中の茶舗などに払い下げられたものであろう。

信楽焼の大きな白素地の茶壷は、明治以降、主に茶の生産地で使われた形跡がある。保存用でもあり、運搬用でもあった。例えば、埼玉県の狭山地方や入間地方には、この茶壷を残している農家がみられる。外が陶土の素焼、内に茶色の鉄釉が掛かっている口細の壺である。ところが、狭山、入間地方の茶問屋に残っている茶壷の中に、信楽焼に酷似した笠間焼の茶壷もあるのだ。

笠間焼には大きな素焼壺はないものの、青や黒の釉薬の掛かったもの、白地に緑釉を流し掛けしたものが多い。ちなみに、信楽では、ロクロ(轆轤)の上に布を敷いて成形するので壺の底に布目が残るが、そうした特徴もそっくり笠間焼の茶壷にみられるのだ。この笠間焼の茶壷は、東京でも使われていたが、大半は笠間近辺の農家で自家用茶の貯蔵容器として使われていた、という。

なお、笠間では狸と蝦蟇などの置物も焼かれた。狸の置物といえ
ば、信楽焼のそれが有名である。通帳と徳利を提げたユーモラスな
姿を、陶器店や蕎麦屋の店頭で見かけたことのある人は多かろう。
笠間では、町の中心にある笠間稲荷の参道に、参拝客を当てにした
飲食店や笠間焼の売店が建ち並ぶが、その店先に笠間焼の大狸が
立っているのだ。これは狐（稲荷）にあやかる狸商売といえようか。
　蝦蟇は、笠間のオリジナル商品である。筑波山の主であるところ
から縁起物として焼かれ、同じく稲荷神社の門前などで売られてい
る。
　茶壺に狸像。笠間焼と信楽焼は、現代にいたるまで不断の関係性
を伝えている、と言えるだろう。

 Topics ● 笠間の陶炎祭（ひまつり）

　毎年4月29日〜5月5日に開催される茨城県最大のイベントであ
る。多くの陶芸家・窯元・地元の販売店などが、緑豊かな笠間芸術
の森公園イベント広場に集う。ちなみに、この公園のテーマは「伝
統工芸と新しい造形美術」で、園内には平成12（2000）年に、「とき
めく」「識る」「楽しむ」をキーワードとする茨城県陶芸美術館が創
設された。
　陶炎祭では、笠間焼の展示と販売の他、手びねり教室や野焼き
ショーなども行われ、人気を呼んでいる。

IV

風景の文化編

地名由来

変わる茨城県

平成17年（2005）8月に開業したつくばエクスプレスによって、茨城県は大きな変貌を遂げつつある。秋葉原駅から終点のつくば駅まで快速で45分という距離になり、沿線は全国でも数少ない人口増加地域になっている。ただし、その一方で伝統的な常磐線沿線は衰退の危機にさらされている。

常磐線沿線で最大の都市は言うまでもなく水戸市だが、徳川御三家の1つとして水戸藩はその名を全国に轟かしていた。小石川後楽園として知られる庭園は水戸徳川家の上屋敷の庭園で、水戸初代藩主徳川頼房が徳大寺佐兵衛に造園させ、それを継いで完成させたのは水戸黄門こと徳川光圀公であった。

幕末になり、内外の危機が迫る中、水戸藩では九代藩主徳川斉昭を中心に、藤田東湖・会沢正志斎ら改革派の藩士たちによって改革は進められた。その過程で水戸学が形成され、それがやがて幕末を揺るがす尊王攘夷思想となって発展していく。薩長などが世の流れに乗っていったのに対して、水戸がやや保守的に見られる背景はこのへんにある。井伊直弼を桜田門で討ったのは水戸の脱藩浪士だったし、新撰組のリーダーの一人であった芹沢鴨も水戸浪士だった。

廃藩置県の後、明治4年（1871）11月、次の3つの県に統合された。

　　　　茨城県…松岡県・水戸県・宍戸県・笠間県・下館県・下妻県。
　　　　新治県…松川県・石岡県・志筑県・土浦県・麻生県・牛久県・竜ヶ
　　　　　　　　崎県、その他千葉県の一部。
　　　　印旛県…結城県・古河県。その他千葉県の一部。

そして、さらに明治8年（1875）、茨城県と新治県が統合されて「茨城県」となった。「印旛県」は千葉県に編入された。茨城県と千葉県は隣接しており、「ちばらき」などと呼ばれることがあることでもわかるように、歴

史的にも風土的にも近いものがある。

「茨城」という地名は常陸国の「茨 城 郡（うばらきのこおり）」からとったものだが、『常陸国風土記』に記されている、かなりきわどい伝承によっている。

茨城郡の山中に「国巣（くず）」という土着民が穴に住んでいた。彼等は穴の中で密かに暮らし、時に応じて村を襲って物を盗むようなことを繰り返していた。そこで、黒坂命（くろさかのみこと）が穴に茨を仕掛けておいて、馬で追い立てたところ、国巣たちは茨のとげに刺さって死んでしまった──。

これは古代における先住民と新住民との戦いを表したものだが、たぶんそのようなことがあったのだろう。かつてはこの一帯までは蝦夷がいたと思われるので、それにちなんだ話なのかもしれない。だが、余り愉快な話ではない。個人的には「水戸県」の方がよかったのではないかと考えている。

とっておきの地名

①潮来（いたこ）　古来「伊多久」「板久」とも書かれ、「いたく」と呼ばれていた。元禄11年（1698）、徳川光圀公が「潮来」と改称したという。「潮来」としたのは鹿島に湖宮があって、常陸の方言で潮を「いた」と読むことにならったと言われている。一方で、平安時代にすでに「潮来」と記されていることから、昔から「潮来」であったという説もある。いずれにしても、潮が来ることに関する地名であることには変わりはない。

②女化（おなばけ）　赤松宗旦（そうたん）による『利根川図志』に、次のような話が載っている。その昔、ここに忠七という若者がいた。原っぱを通りかかった時、寝ているキツネを撃とうしている猟師を見かけ、不憫に思って咳払いをして狐を逃がしてやったという。その日の夕方、一人の男が若い女を連れて、どうか一夜の宿をお願いしたいというので、泊めてあげることにした。翌日男はいずこかへ去り、女が一人残ることになった。その美しさのあまり、忠七は夫婦になって幸せに暮らしていた。

ところがある日、家にいた時、尻尾があるのを見つけられ、ついにあの時助けていただいたキツネであることを白状し、穴に隠れてしまったという。

「女化」は「おなばけ」と読むが、「女が化けた」のではなく、「女に化

けた」ところがミソで、心温まる話である。

③**鹿嶋（島）**　常陸国一宮の鹿島神宮にちなむ古い地名だが、ある事
情により、「鹿嶋」と表記せざるを得ないことになった。
従来あった「鹿島町」と大野村が合併して「鹿嶋市」になったのは平成7
年（1995）のことだが、本来は「鹿島市」でよかったはず。ところが佐賀
県にすでに「鹿島市」（昭和29年市制施行）があったため、「鹿嶋市」に
せざるを得なかったという話である。
　しかし、歴史上の存在感は圧倒的にこの地の「鹿島」が勝っている。鹿
島神宮は崇神天皇が「中臣神聞勝命」に命じて、太刀・鉾・弓などを納め
たころから中臣氏によって治められてきたという。実は、この神社が奈良
の春日大社に深く関わっていることは余り知られていない。
　春日大社の第一のご祭神である武甕槌命が鹿に乗って春日大社まで出向
いたのは天平神護3年・神護景雲元年（767）のことである。「鹿島を立つ」
といったことから「鹿島立」という言葉も生まれた。奈良を闊歩する鹿も
この鹿島に由来することになり、この「鹿島」は日本史上重要な意味を持
っている。

④**小貝川**　県西部を流れる一級河川で、利根川の支流。「蚕養川」「子
飼川」「養蚕川」とも表記され、この地域一帯に養蚕が行わ
れていたことを示す地名である。川に小さい貝があったというのは俗説。
蚕のことを最近まで「こ」と呼んでおり、夏に飼う蚕は「夏蚕」、秋に飼
う蚕は「秋蚕」と呼んでいた。熊本市にも「養蚕」という地名があり、「小
飼橋」という橋もある。

⑤**行方**　難読地名に入れた方がよいかもしれない。古来、常陸国の郡
の1つで「行方郡」と呼ばれた。『常陸国風土記』には日本武
尊の伝説が記されている。命が食事をされた際、四方を眺めて「山々のひ
だは出たり入ったりしながら重なり続き、海辺のひだは長くうねうねと続
いている。（その）山の峰には雲が浮かび、谷のあたりには霧がかかって
いる。風光はすばらしく、地の形には心惹かれる。まことにこの地の名を
行細の国と称するべきである」と仰せになったとある。

⑥常陸（ひたち）　『常陸国風土記』によれば、孝徳天皇の時代に、足柄の坂から東にある国々を統治し、8つの国に分けたが、常陸国もその1つである。国名を「常陸」にしたのは、「人々が往来する道が湖や海の渡し場によって隔てられてはおらず、郡や郷の境界が山から河へ、峰から谷へと、次々に続いているので、直通、すなわち陸路（ひたみち）だけで往来できるという意味をとって、国の名称にした」という。

一方、日本武尊がこの地を通ったとき、新しく掘った井戸の水で衣の袖をひたしたことから「ひたち」という国名になったとも書かれているが、ここはどう見ても「直通」説に軍配を挙げるべきだろう。

⑦日立（ひたち）　愛知県の「豊田市」は「トヨタ自動車」の企業名からなるものだが、この「日立」は日立製作所にちなむものではない。「日立村」が成立したのは、明治22年（1889）の町村制がしかれた時で、「宮田村」と「滑川村」が合併されて「日立村」になっている。大正12年（1923）に出された『常陸多賀郡史』に、徳川光圀公が元禄8年（1695）9月、神峰山奥殿に登拝した時、「旭日の立ち昇る光景の偉大なるは、領内無二と仰せられたり」と書かれ、そこから「日立」の村名が生まれたとされており、これがこれまでの通説となっている。

⑧水戸（みと）　古くはこの地点まで湊が入りこんでいたと見られ、「水の戸」つまり海や湖水の入口につけられる地名である。千波湖を囲む低地と暗部に広がる沖積地からなっている。かつては「水戸」を「江戸」と呼んだとも言われ、海への入口という点では同じ地形にあったと言える。現在の水戸市は台地上に広がっており上町と呼び、南の低地は下町と呼んだが、その呼称は現在でも上市・下市として継承されている。

難読地名の由来

a.「木葉下」（水戸市）b.「天下野」（常陸太田市）c.「七五三場」（結城市）
d.「月出里」（稲敷市）e.「大角豆」（つくば市）f.「男女の川」（つくば市）
g.「先後」（小美玉市）h.「生板」（稲敷郡河内町）i.「隋分附」（笠間市）
j.「直鮒」（龍ケ崎市）

【正解】
a.「あほっけ」（ボケという崖地名に「木葉が下に落ちる」という漢字を当てたもので見事）**b.**「けがの」（この地の獅子舞が江戸で「天下一」の旗を揚げたことが咎められ、徳川光圀が「領内の天下野村で一番」と機転をきかせたという伝承がある）**c.**「しめば」（しめ縄を三筋・五筋・七筋と順にしめていくところから「七五三」を「しめ」と読むことによる）**d.**「すだち」（「巣立ち」のことで、月が空に昇る様を意味するという）**e.**「ささぎ」（通称は「ささげ」でマメ科の1年生作物のことで、その栽培地に由来する）**f.**「みなのがわ」（男女合わせれば「皆」になるので、こう名づけた）**g.**「まつのち」（何らかの意味で前後をさすか）**h.**「まないた」（調理の俎板状の地形に由来するか）**i.**「なむさんづけ」（笠間街道沿いにあり、「南無三」（さあ、大変だ）という仏教用語によるか）**j.**「すうぶな」（素（なま）の鮒に由来するか）

商店街

ザ・モール505（土浦市）

茨城県の商店街の概観

　茨城県は、県都水戸市を中心とした県央、日立市を中心とした県北、下妻市、古河市のある県西、土浦市、つくば市、守谷市、取手市などの県南、さらに鹿島市・行方市のある鹿行の5つの地域に分かれている。

　全国的に郊外型の大型商業施設が立地するなか、茨城県でも2000年以降、店舗面積が5万 m² を超える巨大ショッピングモールが水戸、土浦、つくば、ひたちなかの各市に続々と誕生している。また、県南の阿見町にはアウトレットモール（あみプレミアム・アウトレット）が2009年に建設されるなど、様々な形態の新たな大型商業施設がオープンしている。一方で、2006年に県央の大洗町にオープンしたアウトレットモールは、2017年に営業不振のため売却を余儀なくされた。茨城県においても、これらの商業施設への買い物客の流出が顕著であり、いずれの地元商店街も厳しい状況にある。そのため、日立市や水戸市においては、往時の賑わいを取り戻すための大規模な再開発計画や、商店街独自の取組みも行われている。

　茨城県の商店街の特徴として、会員数が60人以上の商店街が全国平均の18.3％（2012年）に対し、茨城県においては3.6％（2014年）と低く、大規模商店街の占める割合が全国平均を大幅に下回っている。商店街の立地場所については「住宅街」の割合が28.6％（2014年）で、最も高い。

　県北地域にある日立市は、古くから鉱工業のさかんな企業城下町であり、1985年には人口20万人を超える都市として発展したが、鉱工業の衰退とともに商店街の空洞化現象が見られるようになり、1990年には駅前の再開発事業も行われた。JR日立駅前のイトーヨーカドーを核店舗とした「パティオモール」、北西に連なる「まいもーる」、さらに古くからの商店街である「銀座モール」がある。

　県都である水戸市は江戸時代からの城下町であるが、那珂川と千波湖の

水圏に囲まれた狭長な台地という地形的条件があり、人口増加の面で発展の妨げとなってきた。水戸市の中心商店街もこの台地の上にあり、水戸駅北口から南町、泉町にかけての中心商店街の長さは約1,300mにも及ぶ。泉町には京成百貨店などの大型商業施設もあり、市内で最も多くの買い物客を集める地点となっている。

　県西・県南地区は、近年、東北本線や常磐線、さらにつくばエクスプレスの開業によって、東京都内への通勤者が増え、東京のベッドタウンとしての人口増加が著しい。なかでも土浦市は水戸街道の宿場町、霞ヶ浦の湖頭集落で、水陸交通の要衝として発展してきた。1960年代以降、中心商店街に中央資本による大型商業施設が進出し、JR土浦駅前には長さ505mの3階建てモール（「ザ・モール505」）が建設されるなどの近代化が図られてきた。しかし近年、市内の郊外や隣接するつくば市に郊外型の大型商業施設が次々に建設されたことなどの影響が大きく、買い物客が周辺部に流出する傾向にある。

　県西地区には、日光街道の宿場町で城下町としても栄えた古河市がある。道路・寺の配置などに城下町としての名残が多く、旧日光街道沿いには古くからの商家が今も残っており、往時の面影を残している。

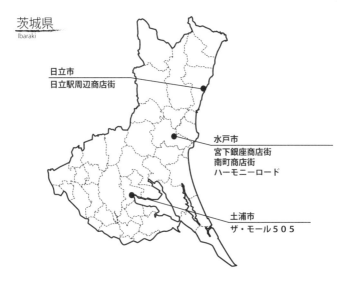

茨城県
Ibaraki

日立市
日立駅周辺商店街

水戸市
宮下銀座商店街
南町商店街
ハーモニーロード

土浦市
ザ・モール５０５

160

宮下銀座商店街、南町商店街、ハーモニーロード（水戸市）

―レトロの香りと伝統が出会う中心商店街―

　JR水戸駅北口から、水戸東照宮を左手に見ながら、国道50号線沿いに緩やかな銀杏坂を上っていくと、宮下銀座商店街、南町商店街、さらに京成百貨店水戸店のある泉町まで中心商店街が約2kmにわたって続いている。

　宮下銀座商店街はJR水戸駅から徒歩数分の水戸東照宮の下にある小さなアーケード商店街である。入口にある「ようこそ宮下銀座商店街」と書かれた看板には1950〜60年代の軽自動車が描かれていて、なんとも面白い。約50m続く商店街のなかは薄暗く、建物や店の看板を見ていると昭和のレトロ感が色濃く漂っている。まるで50年前にタイムスリップをしたかのような錯覚がする。商店街のなかは居酒屋などの飲食関係や、古着屋、占いの店もあり、アンダーグラウンド感があふれている。

水戸市宮下銀座商店街のレトロな看板

水戸市宮下銀座商店街のアーケード内の様子

　宮下銀座商店街から銀杏坂を南町1丁目方面に上がっていくと、南町3丁目の沿道にかけて国道50号線の両側にアーケードが設置されている。このあたりは水戸市中心部のメインストリートとなっており、江戸時代や明治時代から続く老舗商店が多く、和菓子や衣料品、文具店、レストランなどが軒を連ねている。特に、南町3丁目商店街は愛称「ハーモニーロード」と呼ば

れていて、京成百貨店までの通りが賑わいを見せている。そして、商店街の外れには、水戸市が1990年に開設した「水戸芸術館」がある。高さ100mの塔は正四面体を積み重ねた独特の外観が特徴的で、三重のらせんが空に向かって上昇しているように見え、水戸市のランドマークにもなっている。ここは、コンサートホール、劇場、現代美術ギャラリーの専用空間を持つ複合文化施設となっている。この水戸芸術館への入口に位置するハーモニーロードには、16基のギャラリーボックス（展示箱）が点在している。また、誰でも参加できる芸術空間の中核施設として、1995年には商店街のなかに「ハーモニーホール」を建設した。この施設の運営は、当初は商店街組合自主企画だけのスタートであったが、一般利用者の増加もあって、現在では会館の運営維持の経費が出るまでになっていて、水戸芸術館とのタイアップ事業も活発に行われている。南町商店街全体では、「水戸黄門漫遊マラソン」「水戸まちなかフェスティバル」「トワイライトファンタジー」など様々なイベントも開催され、魅力ある商店街づくりに取り組んでいる。

日立駅周辺商店街（日立市）
―3つのモールからなる企業城下町の商店街―

　JR常磐線の特急「ひたち」に乗って東京駅から約90分で日立駅に到着する。日立駅舎は日立市出身の妹島和世によってデザイン監修された斬新な建物である。駅は間近に太平洋が見える場所にあり、世界的に見ても数少ない水平線が一望できる駅として知られている。東西の自由通路を抜けて海側と反対側の西口に市街地が広がっている。日立市は、明治時代から鉱業、電気機械を中心に産業が発達し、日立製作所の企業城下町として成長してきた。駅前からも日立セメントの大きな煙突が見える。現在でも駅前の「日立シビックセンター」をはじめ日立関連の事業所や建物が多く、日立の看板が至る所に目立っている。

　日立市の人口は約18万人、人口規模では水戸市、つくば市に次ぐ県下第3位の都市である。日立市の中心商店街は、日立駅から国道6号線にかけて、銀座通り沿いの東西約800mを結んでいる。東から西へ「パティオモール」「まいもーる」「銀座モール」の3つのモールからなる商店街が構成されている。商店街を歩いてみると、買い物客も少なく、空き店舗が目立っている。

　銀座通りにある3つの商店街のなかで最も西に位置する「銀座モール」

は、1970年に歩行者天国が始められ、七夕まつりが開催されるなど1980年代までは3つの商店街のなかでも最も繁栄していた。1983年にはショッピングモール化事業の実施に伴い、路面のタイル化や街路樹、ベンチなども設置された。商店街の中央には地元唯一の百貨店・ボンベルタ伊勢甚日立店もあり、買い物客で賑わっていたが、郊外型ショッピングセンターの台頭や店舗の老朽化などにより2005年に閉店し、商店街の空洞化にいっそうの拍車がかかった。「まいもーる」は銀座通りの中央に位置する商店街である。商店会組織として、1972年に日立中央銀座商店街振興組合が組織され、1973年には通りの両側にアーケードが建設された。設置当初は賑やかな商店街であったが、現在では銀座モールとともに、利用者は減少傾向にある。「パティオモール」は日立駅前整備事業によって新設された最も新しい商店街で、1991年に開設された。日立駅に最も近く、プラネタリウムや音楽ホールがある日立シビックセンター（1990年開館）に隣接している。また、パティオモールは、開設当初から車が進入できない歩行者専用道路に面した商店街であることが特徴である。パティオモール出店の際の条件として、日立市内に店舗を持ち支店を増やす目的であること、土地を購入して3階建て以上の建物を建設すること、10年以上店舗を続けることなどが設けられ、それらの審査基準を通過した経営者に出店が許可された。現在、パティオモールの核は市内で最大の店舗面積を有するイトーヨーカドーとその専門店館である。その他、このモール内には個人経営の店舗だけでなく、チェーンストアや居酒屋なども多い。かつての駅前商店街の賑わいを取り戻そうと、「ゆるゆる市」や「ひたち国際大道芸」などのイベントを開催したり、マスコットキャラクターの「モルちゃん」をつくったりするなど活性化に向けた取組みをしている。しかし、決定打と呼ばれるものがないことも事実である。今後の商店街の取組みに期待したい。

ザ・モール505（土浦市）
―日本最長の高架道路下ショッピングモール商店街―

　土浦市は江戸時代に9.5万石の城下町として基盤が整備され、江戸と水戸を結ぶ水戸街道の宿場町として、常陸国では水戸に次ぐ第2の都市として繁栄した。戦前には筑波山・海軍航空隊・霞ヶ浦の水郷など周辺の観光地を結び付けた「遊覧都市」としての性格を打ち出していった。

　JR土浦駅を降りると、西口の正面に土浦市役所が建っている。駅前に

市役所があること自体珍しいが、もともとは1997年にイトーヨーカドーをキーテナントとしてつくられた再開発ビル「ウララ」であった。1990年代には駅前に京成百貨店や丸井、西友などの大型商業施設も多数立地して賑わっていたが、2000年代に入るとイオンモールをはじめとする郊外型大型ショッピングセンターの進出により駅周辺の空洞化が加速した。「ウララ」もその影響を受け、イトーヨーカドーは撤退し、土浦市役所が移転してきた。現在、地下1階部分は地元資本の食品スーパー「カスミ」がテナントとして入居している。

　この土浦駅西口から国道275号線に沿って5分ほど歩くと、高架道路の下に3階建てのユニークな建物が見えてくる。これが1985年にオープンした日本最長（全長505m）の「ザ・モール505」と呼ばれる商店街である。筑波研究学園都市で1985年に開催された「つくば国際科学万博」の会場への玄関口として、土浦駅から約3kmの市街地のなかを幹線道路上に高架道路が整備され、その高架下に新たな商店街がつくられたのが「ザ・モール505」である。当時としては先進的な商業施設で、2、3階部分で連結した3階建ての商業施設が5棟配置された。現在も物販、飲食、サービス関連、事務所など50店舗近くが営業している。モールの入口部分には、当時の土浦市長が書いた「川口ショッピングモール竣工に際して」と書かれた石碑が残っている。そこには、当時、高架道路建設に伴い移転を余儀なくされた商店の経営者を中心に、「水の都・土浦」に新しい商業空間をつくって中心市街地全体の活性化を図っていこうとする並々ならぬ決意が込められている。赤茶色の石碑で少しわかりにくい所にあるが、1985年当時の土浦の様子を知るうえでも貴重な資料である。現地を訪れた際はぜひ見ていただきたい。30年以上経った今では、当時、最先端の建物であった「ザ・モール505」が過去のものになりつつある現状を考えると、なんとも言えない淋しさを感じる。休業日でもない昼間でも人影は少なく、半分近くの店はシャッターが閉じられている。

　現在ではやや寂しい状態ではあるが、中心市街地にこれだけの規模でつくられたショッピングモール型の商店街が現存していること自体が1つの歴史遺産と言える。観光地としてよみがえらせることが必要ではないだろうか。高架道路のカーブに沿って3階建ての低層ビルが連結している建物は、ほかにない。モール入口近くの霞ヶ浦名産の佃煮店の建物をはじめ、昭和初期に建てられたレトロな建物も残っていて、見るだけでも楽しい。ぜひ見に来ていただきたい貴重な商店街である。

花風景

霞ヶ浦の蓮根のハス

地域の特色

　東は単調な長い海岸線で太平洋鹿島灘（かしまなだ）に臨み、南は利根川（とねがわ）が県境をなし、南部の関東ローム層の関東平野には筑波山（つくばさん）がそびえる。那珂川（なかがわ）、鬼怒川（きぬがわ）、利根川など多くの河川が北西から南西に流れ、霞ヶ浦（かすみうら）などの水郷を形成している。江戸幕府は東北地方に接するこの地を政治的に重視し、御三家の水戸徳川家を置き、天領、旗本領、社寺領などを配置した。良港がなく、海岸の開発は発達せず、かろうじて日立や鹿島が工業地帯となった。太平洋側の暖温帯の気候となっている。

　花風景は、近世の御三家の梅林の名園、近代の工業都市の緑化のためのサクラ名所、低湿地帯の湿原植物やなりわいの植物が特徴的で、また、現代の海浜の観賞用花畑や江戸時代の花木園を再現した都市公園もある。

　県花はバラ科バラ属のバラ（薔薇）である。バラは木本性の蔓（つる）で棘（とげ）がある花の総称であり、茨城県にはノイバラなどが自生している。ノイバラは茨城という地名にも関連し、県章、県旗にも古くから「バラ」がかたどられていたことから、バラが県花に定められた。古代の常陸国風土記にも茨（いばら・うばら）の城という説話があり、茨は棘のある植物であろう。

主な花風景

かみね公園・平和通り（へいわどおり）のサクラ　＊春、日本さくら名所100選

　かみね公園は、日立市（ひたちし）の神峰（かみね）神社に隣接して広がる都市公園で、1948（昭和23）年に整備に着手されたが、財政難により公園整備がなかなか進まないなか、地元地区の有志によって、一戸一木献木やサクラ苗木の植栽、施肥、草刈などの積極的な奉仕活動が展開された。15ヘクタールの公園内には、22種類、約1,000本のサクラが植えられ、日立のサクラ開花宣言の基になる標準桜もある。明治期に、日立鉱山（こうざん）（81（同56）年に閉山）の銅の精錬の

際に排出される亜硫酸ガスによって、近隣の農作物や山々の木々が枯れるという公害問題が発生した。煙害対策のため、日立鉱山は、14（大正3）年に、当時高さ世界一の156メートルの大煙突を立てて煙を減少させるとともに、煙に強い樹種の大規模な植栽を行った。その代表的な樹種がオオシマザクラで、当時日立鉱山庶務課長だった角弥太郎が、伊豆大島の噴煙地帯に自生することに着目して苗木を調達し、栽培したものである。この時植えられた推定260万本のオオシマザクラが、日立の市花サクラの原点とされる。頂上展望台からは、倒壊し3分の1ほどが残された大煙突が見える。展望台からさらに上がった道路脇に、鉱山の煙害の克服をめぐる実話を描いた小説『ある町の高い煙突』の作者新田次郎の文学碑と大煙突記念碑がある。

　日立駅前から国道6号線まで約1キロの通りは平和通りと呼ばれ、約120本のソメイヨシノが植えられている。1951（昭和26）年、時の県知事と市長が記念植樹したのを契機に、地元の人たちの協力により、国道6号からけやき通りまで、約600メートルの両側にソメイヨシノが植栽された。開花の季節になると見事なサクラのトンネルとなる。「日立さくらまつり」では、平和通りで日立風流物が公開される。日立風流物は、神峰神社の大祭に奉納された神事で、江戸時代から伝わる。高さ15メートル、重さ5トンのからくり仕掛けの山車を200人以上で牽引する。山車は国指定重要有形民俗文化財で、祭礼としての日立風流物は国指定重要無形民俗文化財である。ユネスコの無形文化遺産にも記載されている。

静峰ふるさと公園のヤエザクラ　＊春、日本さくら名所100選

　那珂市にある公園で、1965（昭和40）年に静神社西側の丘陵地を活かして造成された。12ヘクタールの広大な園内には、遊具施設、水鳥の小池、花のさじき園、水上ステージ、野外ステージ、交流センター、グラウンド・ゴルフ場、起伏にとんだ散策コースなどが整備され、約2,000本のヤエザクラをはじめ、ソメイヨシノ、ツツジなどが植栽されている。4月中旬から5月初旬に開催される「八重桜まつり」では、満開時に合わせてサクラや灯ろうのライトアップも行われる。八重桜が満開となる頃には、シバザクラも咲く。

桜川のヤマザクラ　＊春、名勝、天然記念物

　桜川市岩瀬地区の桜川のヤマザクラは、古来より「西の吉野、東の桜川」と並び称されるほどのサクラの名所で、東国の桜川の評判が遠く平安京の都人にまで届いていた。その証しに、『後撰和歌集』には紀貫之の「常よりも　春辺になれば桜川　波の花こそ　間なく寄すらめ」があるなど、多くの歌人たちが歌を残し、また、室町時代には世阿弥作謡曲『桜川』の舞台にもなった。桜川の名は、日本武尊が東国平定の後で伊勢神宮と鹿島神宮から分霊して創建されたと伝えられる磯部稲村神社付近でサクラの花びらが川面に浮かぶ様から命名されたという。また、平成の大合併に際して岩瀬町・真壁町・大和村の3町村の合併後の市名として、この川の名をとって「桜川市」と命名された。四代将軍家綱の隅田川堤への移植、八代将軍吉宗の玉川上水堤への移植をはじめ、江戸の花見の名所づくりには「桜川のサクラ」が大量に移植され、現隅田公園の「墨堤植桜之碑」や、玉川上水沿い「小金井桜樹碑」に桜川のサクラの記述がみられる。東北産のシロヤマザクラが中心で、品種も桜川匂・樺匂・梅鉢桜・白雲桜・薄毛桜・初見桜・初重桜・源氏桜・大和桜・青毛桜・青桜などがあり、1924（大正13）年に国指定名勝、74（昭和49）年には国指定天然記念物になった。現在、巨樹はほとんど枯死し、ソメイヨシノ・ヤマザクラなどが補植されている。86（同61）年に、面積4.4ヘクタールの磯部桜川公園が完成し、磯部稲村神社の参道沿いと隣接する磯部桜川公園の丘陵地一帯に約800本のサクラが植栽されている。

偕楽園のウメ　＊冬、史跡、名勝

　水戸の偕楽園は、金沢の兼六園、岡山の後楽園と並び日本三名園といわれ、ウメの名所として知られる。1842（天保13）年に水戸徳川家九代藩主徳川斉昭によって開かれた。園内は、約100品種、3,000本のウメが植えられている。このうち、水戸にしかない品種とされ斉昭の別称烈公にちなんで名付けられた「烈公梅」、徳川光圀の師であった中国の儒学者、朱舜水が日本にもたらした品種といわれる「江南所無」「白難波」「虎の尾」「月影」「柳川枝垂」の6種類は、その華麗さから、1934（昭和9）年に六名木とされた。由来の分かる後継木の育成と品種保存のため、自園でウメの苗

木をつくり育てている。藩校弘道館で文武を学ぶ藩士の余暇休養の場とすると同時に、領民と偕に楽しむ場にしたいと、斉昭みずから偕楽園と名付けた。偕楽とは中国古典である『孟子』の「古の人は民と偕に楽しむ、故に能く楽しむなり」という一節から援用したもので、斉昭の碑文『偕楽園記』では、「是れ余が衆と楽しみを同じくするの意なり」と述べている。1873（明治6）年、公園地に指定され「常磐公園」と称し、茨城県が管理している。正岡子規は、89（同22）年に偕楽園を訪れた際、好文亭から見た南崖のウメの印象を、後年、「崖急に　梅ことごとく　斜めなり」と詠んだ。梅まつりは、120回を超えた。

笠間稲荷神社のキクとフジ　＊秋・春

　笠間稲荷神社は、社伝によれば第36代孝徳天皇の御代、651（白雉2）年創建と伝えられる。菊まつりは1908（明治41）年から始まった日本で最も古い菊の祭典で、当時の宮司の塙嘉一郎が、日露戦争によって荒廃した人々の心を和めようと、神社に農園部を開園して始めたものである。10月中旬から11月下旬に開催される菊まつり期間中は、笠間稲荷神社をメイン会場に、千輪咲き、盆栽菊、立ち菊、懸崖菊、NHKの大河ドラマをテーマにした菊人形、五重塔や富士山などの形をまねた特作菊花壇など、市内の至る所に約1万鉢のキクが展示されるほか、流鏑馬や舞楽祭なども催される。境内の楼門側にあるフジは房の長さが150センチほどになり、拝殿側にあるフジは濃い紫色の八重で、共に樹齢が約400年と古く、県の天然記念物に指定されている。神社の御本殿は江戸時代の末期安政・万延年間（1854～60年）に再建された銅瓦葺総欅の権現造で、国の重要文化財に指定されている。

古河総合公園のハナモモ　＊春

　江戸時代初期、初代古河藩主・土井利勝は、江戸で家臣の子供たちにモモの種を拾い集めさせ、領地である古河に送って田畑や城の周りに植え、薪や食料として活用した。江戸時代後期の絵画には、古河城東方に桃林が描かれ、古河藩士も春には桃見物に訪れていたことが知られている。

　1975（昭和50）年、古河総合公園の開園に当たって、江戸時代を偲ぶ桃林を復活させることとなり、矢口、源平、菊桃、寒白、寿星桃の5種類、

約1,500本のハナモモが植えられた。公園の設計監修は景観学者の中村良夫東京工業大学名誉教授で、面積は25ヘクタールあり、古河公方足利氏の御所跡（古河公方館跡）、徳源院跡、御所沼、民家園（旧飛田家住宅・旧中山家住宅）、蓮池などが整備されている。歌人の長塚節が桃に見立てて恋慕の情を歌い作家の若杉鳥子に送った詩「まくらがの古河の桃の木ふゝめるをいまだ見ねどもわれこひにけり」の歌碑がある。2003（平成15）年には、世界の主要な文化景観の保護と管理の顕著な活動に対して功績を讃えることを目的にユネスコとギリシャが主催する「メリナ・メルクーリ国際賞」をこの公園が受賞した。毎年3月下旬から4月上旬にかけて「古河桃まつり」が開催される。

水郷潮来あやめ園のハナショウブ　＊夏、水郷筑波国定公園

　潮来は、古くから水運陸路の要所として栄えた地で、その昔は、伊多久と称し、常陸国風土記には板来とされていたのを、この地方の方言で潮のことを“いた”と言っていたことにあやかって、徳川光圀公が1698（元禄11）年に潮来と書き改めたといわれている。この地では、アヤメ、カキツバタ、ハナショウブを含めて「あやめ」と呼んでおり、明治期に入り、利根川畔に前川あやめ園が造成された。現在、約500種、約100万株の「あやめ」が植栽されている。5月初旬にアヤメ、中旬にカキツバタ、下旬から6月末までナハショウブが咲き競う。光圀公は、水戸領内を巡視の折、潮来出島の丈なす真菰の中に美しく可憐に咲くあやめの様を讃嘆して「潮来出島のまこもの中にあやめ咲くとはしほらしや」と詠んだ。水郷地帯であったことから、この地域一体には水路（江間）が縦横に張り巡らされ、嫁入りする際に花嫁や嫁入り道具を運搬する時にもサッパ舟が使われていた。1955（昭和30）年、美空ひばり主演の映画『娘船頭さん』のロケが水郷潮来で行われたのがきっかけとなり、花村菊枝が歌った『潮来花嫁さん』や橋幸夫が歌った『潮来笠』もヒットし、その名が全国的に知られるようになった。毎年6月に「水郷潮来あやめまつり」が開催される。

国営ひたち海浜公園のネモフィラ　＊春・秋

　1991（平成3）年に開園した国営ひたち海浜公園は、350ヘクタールの広大な敷地に四つのエリアが整備され、年間200万人以上の来訪者で賑わう。

その広大な土地には、スケールの大きな花畑があり四季折々の花が植えられている。名物は、4月中旬から5月上旬にかけて、みはらしの丘一面を青色に彩る450万本のネモフィラと、夏場の緑色から秋は真っ赤に紅葉する、丸くてモコモコとしたコキアである。ネモフィラは、和名を瑠璃唐草という。コキアの和名はホウキグサといい、昔はこの茎を乾燥させてほうきをつくっていた。

茨城県フラワーパークのバラ　＊春・秋

　茨城県フラワーパークは、国際科学技術博覧会（通称つくば科学万博）を記念するとともに花卉農業の振興と更なる普及を目的に、県と八郷町（現石岡市）が共同で建設に着手し、1985（昭和60）年にオープンした花と緑の公園である。筑波山を背景にした約30ヘクタールの広大な敷地には、バラのテラスやバラ品種園・香りのバラ園などがあり、殿堂入りしたバラや人名にちなんだバラを含め、約800品種、約3万株のバラが咲く。他にも、ボタン園、ダリア園、アジサイ園、シャガ園、福寿草園、フラワードーム、展示栽培温室などが整備されており、7月上旬にはふれあいの森の南斜面に約12,000株のヤマユリが咲く。

茨城県蓮根のハス　＊夏

　茨城県のれんこんは、作付面積、出荷量ともに全国トップで、全国の5割、東京市場の9割を占める。そのほとんどが霞ヶ浦周辺で生産されている。霞ヶ浦沿岸は低湿地帯が多く、アシなどが堆積して土壌が肥えており、冬でも降雪の少ない温暖な気候がれんこん栽培にあっていることから、減反政策の下、米に代わる優良作物への転作を模索するなかで、1970年代に栽培が始まった。日本では穴があいているので「先を見通す」ことに通じ縁起が良いとされ、正月のお節料理やお祝い事などに欠かせない食べ物となっている。また、古代インドでは、神がハスから誕生したという神話があり、聖なる花、吉祥の象徴とされ、種が多いので、多産・生命・神秘のシンボルにもなっている。ハスの語源は、花托が蜂の巣に似ていることから「ハチス」と呼ばれ、それが変化して「ハス」になったといわれている。花は、7〜8月の盛夏に、20枚あまりの花弁が朝早くから開き始め、午後には閉じて、4日目には開いたまま散ってしまう。

公園 / 庭園

千波公園

地域の特色

　茨城県は関東地方の北東部に位置し、東は太平洋鹿島灘、北は東北地方の福島県、南は利根川を挟んで千葉県に接し、首都圏の一部を構成している。西は栃木県との県境の最北端で福島県との県境にもなる所に、茨城県の最高峰八溝山（1,032m）があり、県の南部の関東平野には筑波山がそびえる。関東平野は常陸台地と呼ばれ、関東ローム層で、低地は水はけが悪い。久慈川、那珂川、恋瀬川、鬼怒川、利根川など多くの河川が北西から南東に流れ、多くの支流や、霞ヶ浦、北浦、涸沼などの湖沼を形成している。久慈川支流の滝川上流には日本三名瀑の一つ袋田の滝がある。海岸線は全体に単調で、南部は砂浜海岸や砂丘をつくっているが、北部は河岸段丘や海食崖の景勝地となっている。

　海岸が長いため先史時代の貝塚跡が多く、また、湖沼や河川下流には大規模な古墳が多い。古くは常陸の国と呼ばれ、江戸幕府はこの地を地政学的に重視し、水戸に御三家の水戸徳川家を置き、天領、旗本領、社寺領などを配置した。大藩の水戸藩は幕末から近代黎明期には幕府に大きな影響を与えた。

　自然公園は傑出した自然がなく、国定公園と県立自然公園にとどまっている。都市公園は湖沼、海岸、新都市などを生かしたものが特徴的で、庭園は日本三名園の一つがある。

主な公園・庭園

🉐 水郷筑波国定公園筑波山　＊日本百名山

　筑波山（877m）は関東平野にそびえる山で古代8世紀の『常陸国風土記』や『万葉集』にも出てくる山岳信仰と歌枕の名山である。筑波山自体が神域であり、巨石、奇岩も多いことから磐座信仰も残っている。筑波山神社

などの神社仏閣が多く、さまざまな歌に詠まれてきた。江戸後期の歌川広重の「江戸名所百景」にも描かれている。筑波山は花崗岩の2本の断層を貫いて突き出した斑れい岩の2峰を形成し、男体山と女体山と名付けられている。男女一対の命名は擬人化する見方であり、日光の男体山・女峰山、阿寒の雄阿寒岳・雌阿寒岳、奈良県二上山の雄岳・雌岳など各地にある。筑波山のガマの油売りの口上は一時代を風靡した。

　水郷筑波国定公園の霞ヶ浦はわが国2位の淡水湖面積をもっている。中心の潮来の町は、古くから鹿島神宮、香取神宮への参詣客や、奥羽地方から江戸へ物資を運ぶ交通の要衝であった。現在、霞ヶ浦はヨシの復元や水質の改善などさまざまな自然再生の試みが行われている。

🉂 花園花貫県立自然公園五浦海岸

　花園花貫県立自然公園は茨城県北東部山地の花園渓谷や花貫渓谷などを中心としているが、「関東の松島」と呼ばれる景勝地の五浦海岸も飛地で含んでいる。五浦は岡倉天心が1905（明治38）年に海食崖の上にみずから設計した六角堂を建てた所である。翌年、日本美術院を東京からこの地に移す。六角堂は東日本大震災で流失したが、再建された。天心は日本美術を再興した人物である。国粋主義が高揚する1889（明治22）年、日本画と木彫のみの東京美術学校（現東京芸術大学）が開設され、天心が27歳で初代校長となる。96（明治29）年、東京美術学校はフランスから帰朝した黒田清輝、久米桂一郎らを迎え、西洋画科を開設する。98年（明治31）年、岡倉は東京美術学校を排斥され、日本美術院を創設する。その後、ボストン美術館で活躍し、ボストンと五浦を往復することとなる。

🉂 千波公園

　水戸市の市街地の西、常盤公園（偕楽園）の南に隣接する千波湖の公園である。千波湖はもとは那珂川と桜川の合流地点に形成された沼で、江戸時代には水戸城の濠の役割も担っていた。2代藩主水戸光圀が湖周辺の景色の良い場所を千波湖八景に選んだと伝えられている。当時の千波湖は現在の3倍以上の広さがあり、明治時代には水を満々と湛えた湖を小さな船に乗って遊覧する人々の様子が描かれている。1871（明治4）年に千波湖の管理が藩から下流の農村に移ったことで下水による悪臭などの問題が発生

した。用水の確保と農地の拡大のために大正時代に干拓が始まり現在の湖の形に縮小した。1964（昭和39）年に千波公園建設計画が決定し、本格的に整備が始まった。68（昭和43）年には湖の南岸に「偕楽園レイクランド」という遊園地が建設されたが、老朽化のため82（昭和57）年に閉鎖された。93（平成5）年には全国都市緑化フェアが開催され11万本のチューリップによるカラーガーデンなどがつくられ167万人の来訪者で賑わった。

　湖では古来より魚や鳥の猟が禁じられ明治時代には御猟場にもなったが、その後はコイやフナなどの漁業が行われていた時期もあった。戦後再び悪化した湖水は1988（昭和63）年から大規模な浚渫が実施され水質が大きく改善した。現在はコブハクチョウやコイなどが生息し、一部が水戸市の水鳥保護区域に指定されている。千波湖の南東には約6,000年前に海岸線があった証である柳崎貝塚という縄文時代の遺跡があり、公園のうち湖のエリアが2011（平成23）年に日本ジオパークのジオサイトに選ばれた。

都 国営ひたち海浜公園　＊国営公園

　国営ひたち海浜公園は1991（平成3）年にひたちなか市の沿岸部に開園した。第二次世界大戦後は米空軍が水戸対地射撃場として使っていたが、61（昭和36）年の誤爆をきっかけに返還運動が始まった。その後大蔵省の所管に移され、国営公園の設置が決定した。公園内の記念の森レストハウスには当時の写真や不発弾などが展示されている。約1kmにわたる海岸線と後ろの砂丘を含む350haという広大な敷地に四つのエリアが順次整備された。米軍が使っていた時代は一般の人々が立ち入ることができなかったために地域固有の自然が残されており、海岸から内陸にかけて多様な植生が見られる点が特徴である。貴重な植生や湧水を保全する一方、返還後に建設残土の処分場として利用されていたところには2008（平成20）年にみはらしの丘が整備された。緩やかな傾斜地一面に春はネモフィラ、初夏はコキアが植えられ、鮮やかな色の植物のじゅうたんは圧巻である。年間200万人以上の来訪者で賑わう。

都 洞峰公園とペデストリアンデッキ

　つくば市の研究学園都市は研究教育機関を集め、東京への集中を分散させる目的で1963（昭和38）年に国が建設を決定し、開発された新しいまち

である。当時の最先端の都市計画の思想が濃密に空間に反映されている。大きな特徴の一つが大学、中心市街地、研究所を南北に貫く都市軸が設定されたことである。都市軸にはペデストリアンデッキと呼ばれる幅10ｍから20ｍの歩行者専用道路が配置され、2カ所の総合公園と5カ所の近隣公園をつなぎ緑地のネットワークを形成している。幹線道路とペデストリアンデッキは立体交差して歩行者と自動車は完全に分離され、現在は大きく成長した街路樹が緑陰をつくっている。洞峰公園はこの緑地ネットワークの最大の公園で、既存の沼を中心に運動施設が整備された。公園の建設では、元からある樹木を可能な限り残して利用すること、現況の地形を活かし表土の保全を図ることなど当時としては先進的な方針が示された。中心の洞峰沼に張り出す筑波新都市記念館は新しい都市の誕生を記念するモニュメントとして建設され市民に利用されている。

庭 常盤公園（ときわ）　＊国指定史跡、名勝、日本の都市公園100選、日本の歴史公園100選

水戸市常磐町、見川町にある常盤公園は、「偕楽園」という名称で全国的に知られている。水戸藩9代藩主だった徳川斉昭は、水戸城の西方2.5kmほど離れた常盤村で、多数のウメを飢饉と軍用のために栽培させていた。この梅林を基に斉昭は、1841（天保12）年に庭園の造営を開始している。翌年には開園して、『孟子』の「古の人、民と偕楽しむ、故に能く楽しむなり」から、「偕楽園」と命名した。士分の男子と女子の入園日を別々にしていたのは、儒教の教えによったもので、後に領内村民にも同様にして入園を許可している。

1873（明治6）年に太政官布告で公園となったためか、岡山の後楽園と金沢の兼六園とともに「日本三名園」とされている。江戸時代には園中に、ウメ200種ほどが7,000本から1万本あまりも植えられていたというが、現在は100種、約3,000本に減少している。園内の木造2層3階建ての好文亭からは、千波湖を眺め渡すことができる。この建物は1945（昭和20）年に戦災で焼失したが、57（昭和32）年に復元されている。

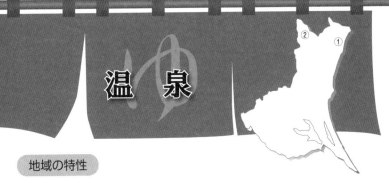

温 泉

地域の特性

　茨城県は、北関東に属し、日本有数の農業県でもあり、東京大市場を控えてメロン、養豚、鶏卵、甘薯などのほか、レタス、トマトなどもトップクラスの生産を上げている。一方、鹿島臨海工業地帯の開発とともに、筑波研究学園都市も新たに形成され、総合的な地域開発が進展した。水戸は尾張、紀州とともに徳川御三家の城下町であり、日本三名園でもある偕楽園の梅まつりは、多くの観梅客で賑わう。利根川の下流域では、潮来の水郷景観や鹿島神宮、県南では筑波山、県北では袋田の滝など見所が多い。
◆旧国名：常陸、下總　県花：バラ　県鳥：ヒバリ

温泉地の特色

　県内には宿泊施設のある温泉地が37カ所あり、源泉総数は146カ所、湧出量は毎分2万ℓで全国34位である。42℃以上の高温泉は10％に満たず、低温泉が多い。年間延べ宿泊客数は67万人で全国41位にランクされている。宿泊客数が上位の温泉地は、新興の筑波13万人、大津9万人、神栖平泉8万人などであり、知名度のある袋田は6万人に止まっている。

主な温泉地

①五浦（いつうら）　塩化物泉

　県北東部、北茨城市の大津に位置する太平洋に面した温泉地である。この温泉地は1906（明治39）年、日本画家の岡倉天心が弟子の横山大観、下村観山、菱田春草などを呼んで、日本美術院の本拠地とした記念すべきところである。五浦観光ホテルでは、昭和初期から温泉が利用されるようになったが、1989（平成元）年にボーリングをして70℃を超える温泉を得て、大浴場や庭園露天風呂が設けられた。眺望のよい天心ゆかりの六角

堂を囲んでホテルが立地している。

交通：JR常磐線大津港、バス15分

②袋田（ふくろだ）　単純温泉、塩化物泉

　県北部、久滋川支流の滝川に沿う温泉地で、平安時代に発見されたと伝えられる古湯である。泉質は単純温泉と塩化物泉で湯量も豊富である。飲泉にも優れており、胃腸病、神経痛などに効果があるという。日本三大名瀑として有名な袋田の滝に隣接しているので、宿泊客も多い。袋田の滝は高さ120m、幅73mであり、岩壁を4段に分けて落ちる瀑布は見事である。また、周辺には奥久滋の渓谷美を眺望できる展望台や滝川での「観光やな」などを体験できるので散策に適している。

交通：JR水郡線袋田駅

執筆者 / 出典一覧

※参考参照文献は紙面の都合上割愛
しましたので各出典をご覧ください

Ⅰ　歴史の文化編

【遺　跡】　石神裕之　（京都芸術大学歴史遺産学科教授）『47都道府県・遺跡百科』(2018)

【国宝 / 重要文化財】　森本和男　（歴史家）『47都道府県・国宝 / 重要文化財百科』(2018)

【城　郭】　西ヶ谷恭弘　（日本城郭史学会代表）『47都道府県・城郭百科』(2022)

【戦国大名】　森岡浩　（姓氏研究家）『47都道府県・戦国大名百科』(2023)

【名門 / 名家】　森岡浩　（姓氏研究家）『47都道府県・名門 / 名家百科』(2020)

【博物館】　草刈清人　（ミュージアム・フリーター）・可児光生　（美濃加茂市民ミュージアム館長）・坂本昇　（伊丹市昆虫館館長）・髙田浩二　（元海の中道海洋生態科学館館長）『47都道府県・博物館百科』(2022)

【名　字】　森岡浩　（姓氏研究家）『47都道府県・名字百科』(2019)

Ⅱ　食の文化編

【米 / 雑穀】　井上繁　（日本経済新聞社社友）『47都道府県・米 / 雑穀百科』(2017)

【こなもの】　成瀬宇平　（鎌倉女子大学名誉教授）『47都道府県・こなもの食文化百科』(2012)

【くだもの】　井上繁　（日本経済新聞社社友）『47都道府県・くだもの百科』(2017)

【魚　食】　成瀬宇平　（鎌倉女子大学名誉教授）『47都道府県・魚食文化百科』(2011)

【肉　食】　成瀬宇平　（鎌倉女子大学名誉教授）・横山次郎　（日本農産工業株式会社）『47都道府県・肉食文化百科』(2015)

【地　鶏】　成瀬宇平　（鎌倉女子大学名誉教授）・横山次郎　（日本農産工業株式会社）『47都道府県・地鶏百科』(2014)

【汁　物】　野﨑洋光　（元「分とく山」総料理長）・成瀬宇平　（鎌倉女子大学名誉教授）『47都道府県・汁物百科』(2015)

【伝統調味料】　成瀬宇平　（鎌倉女子大学名誉教授）『47都道府県・伝統調味料百科』(2013)

【発　酵】　北本勝ひこ　（日本薬科大学特任教授）『47都道府県・発酵文化百科』(2021)

| 【和菓子 / 郷土菓子】 | 亀井千歩子 （日本地域文化研究所代表）『47都道府県・和菓子 / 郷土菓子百科』(2016) |
| 【乾物 / 干物】 | 星名桂治 （日本かんぶつ協会シニアアドバイザー）『47都道府県・乾物 / 干物百科』(2017) |

Ⅲ 営みの文化編

【伝統行事】	神崎宣武 （民俗学者）『47都道府県・伝統行事百科』(2012)
【寺社信仰】	中山和久 （人間総合科学大学人間科学部教授）『47都道府県・寺社信仰百科』(2017)
【伝統工芸】	関根由子・指田京子・佐々木千雅子 （和くらし・くらぶ）『47都道府県・伝統工芸百科』(2021)
【民　話】	中村とも子 （昔話伝説研究会会員）/ 花部英雄・小堀光夫編『47都道府県・民話百科』(2019)
【妖怪伝承】	立石尚之 （元古河歴史館博物館館長）/ 飯倉義之・香川雅信編、常光 徹・小松和彦監修『47都道府県・妖怪伝承百科』(2017)イラスト©東雲騎人
【高校野球】	森岡 浩 （姓氏研究家）『47都道府県・高校野球百科』(2021)
【やきもの】	神崎宣武 （民俗学者）『47都道府県・やきもの百科』(2021)

Ⅳ 風景の文化編

【地名由来】	谷川彰英 （筑波大学名誉教授）『47都道府県・地名由来百科』(2015)
【商店街】	杉山伸一 （大阪学院大学教育開発支援センター准教授）/ 正木久仁・杉山伸一編著『47都道府県・商店街百科』(2019)
【花風景】	西田正憲 （奈良県立大学名誉教授）『47都道府県・花風景百科』(2019)
【公園 / 庭園】	西田正憲 （奈良県立大学名誉教授）・飛田範夫 （庭園史研究家）・井原 縁 （奈良県立大学地域創造学部教授）・黒田乃生 （筑波大学芸術系教授）『47都道府県・公園 / 庭園百科』(2017)
【温　泉】	山村順次 （元城西国際大学観光学部教授）『47都道府県・温泉百科』(2015)

索　　引

47都道府県ご当地文化百科・茨城県

令和 6 年 7 月 30 日　発　行

編　者　丸　善　出　版

発 行 者　池　田　和　博

発 行 所　丸善出版株式会社

〒101-0051 東京都千代田区神田神保町二丁目17番
編集：電話 (03) 3512-3264／FAX (03) 3512-3272
営業：電話 (03) 3512-3256／FAX (03) 3512-3270
https://www.maruzen-publishing.co.jp

© Maruzen Publishing Co., Ltd. 2024

組版印刷・富士美術印刷株式会社／製本・株式会社 松岳社

ISBN 978-4-621-30931-5　C 0525　　　　　　Printed in Japan

【好評既刊 ● 47都道府県百科シリーズ】

(定価：本体価格3800〜4400円＋税)

47都道府県・**伝統食百科**……その地ならではの伝統料理を具体的に解説

47都道府県・**地野菜/伝統野菜百科**……その地特有の野菜から食べ方まで

47都道府県・**魚食文化百科**……魚介類から加工品、魚料理まで一挙に紹介

47都道府県・**伝統行事百科**……新鮮味ある切り口で主要伝統行事を平易解説

47都道府県・**こなもの食文化百科**……加工方法、食べ方、歴史を興味深く解説

47都道府県・**伝統調味料百科**……各地の伝統的な味付けや調味料、素材を紹介

47都道府県・**地鶏百科**……各地の地鶏・銘柄鶏・卵や美味い料理を紹介

47都道府県・**肉食文化百科**……古来から愛された肉食の歴史・文化を解説

47都道府県・**地名由来百科**……興味をそそる地名の由来が盛りだくさん！

47都道府県・**汁物百科**……ご当地ならではの滋味の話題が満載！

47都道府県・**温泉百科**……立地・歴史・観光・先人の足跡などを紹介

47都道府県・**和菓子/郷土菓子百科**……地元にちなんだお菓子がわかる

47都道府県・**乾物/干物百科**……乾物の種類、作り方から食べ方まで

47都道府県・**寺社信仰百科**……ユニークな寺社や信仰を具体的に解説

47都道府県・**くだもの百科**……地域性あふれる名産・特産の果物を紹介

47都道府県・**公園/庭園百科**……自然が生んだ快適野外空間340事例を紹介

47都道府県・**妖怪伝承百科**……地元の人の心に根付く妖怪伝承とはなにか

47都道府県・**米/雑穀百科**……地元こだわりの美味しいお米・雑穀がわかる

47都道府県・**遺跡百科**……原始〜近・現代まで全国の遺跡＆遺物を通観

47都道府県・**国宝/重要文化財百科**……近代的美術観・審美眼の粋を知る！

47都道府県・**花風景百科**……花に癒される、全国花物語350事例！

47都道府県・**名字百科**……NHK「日本人のおなまえっ！」解説者の意欲作

47都道府県・**商店街百科**……全国の魅力的な商店街を紹介

47都道府県・**民話百科**……昔話、伝説、世間話…語り継がれた話が読める

47都道府県・**名門/名家百科**……都道府県ごとに名門/名家を徹底解説

47都道府県・**やきもの百科**……やきもの大国の地域性を民俗学的見地で解説

47都道府県・**発酵文化百科**……風土ごとの多様な発酵文化・発酵食品を解説

47都道府県・**高校野球百科**……高校野球の基礎知識と強豪校を徹底解説

47都道府県・**伝統工芸百科**……現代に活きる伝統工芸を歴史とともに紹介

47都道府県・**城下町百科**……全国各地の城下町の歴史と魅力を解説

47都道府県・**博物館百科**……モノ＆コトが詰まった博物館を厳選

47都道府県・**城郭百科**……お城から見るあなたの県の特色

47都道府県・**戦国大名百科**……群雄割拠した戦国大名・国衆を徹底解説

47都道府県・**産業遺産百科**……保存と活用の歴史を解説。探訪にも役立つ

47都道府県・**民俗芸能百科**……各地で現存し輝き続ける民俗芸能がわかる

47都道府県・**大相撲力士百科**……古今東西の幕内力士の郷里や魅力を紹介

47都道府県・**老舗百科**……長寿の秘訣、歴史や経営理念を紹介

47都道府県・**地質景観/ジオサイト百科**……ユニークな地質景観の謎を解く

47都道府県・**文学の偉人百科**……主要文学者が総覧できるユニークなガイド